우리 말글을 목숨처럼 지킨
최현배

우리 말글을 목숨처럼 지킨 최현배

| 이계형 지음 |

┌ 글을 시작하며

외솔 최현배 선생을 처음으로 마주한 것은 30여 년 전 고등학교 국어교과서에 실린 「조선민족 갱생의 길」을 통해서였다. 당시에는 최현배라는 인물보다는 대입시험에만 골몰했던 기억이 난다. 경甦을 '갱'으로 읽는 것도 생소했다. 그 뒤 시간이 한참 흘러 강단에서 '조선어학회사건'을 강의하면서 최현배 선생이 새롭게 다가왔고, 일제로부터 해방된 이후 '한글'이 가진 진정한 의미를 깨닫고 나서야 선생의 존재가치를 알게 되었다. 그래서인지 1930년대 어느 식당 방명록에 그가 쓴 '한글이 목숨'이라는 글귀에서 우리 말글을 목숨처럼 지킨 그의 기개가 느껴졌다.

외솔은 1894년에 태어나 1970년에 돌아가셨으니 일흔일곱 해를 사셨다. 그는 열여섯 살에 주시경 선생을 만나 한글을 배우기 시작한 이래 60여 년을 오로지 한글을 위해 사셨다. 일제강점기에는 한글에 민족의 정체성이 있다는 굳은 신념으로 한글맞춤법통일안 마련, 표준말 정립, 우리말 사전 편찬 등에 심혈을 기울였다.

일제의 굴레에서 벗어나려면 문화를 진작시켜야 한다며 국어 어법 바로 세우기가 먼저라 하였다. 이에 문법연구를 집대성한 『우리말본』

(1937)과 한글 연구를 체계화시킨 『한글갈』(1941) 등의 대표적인 저술을 펴냈다. 1926년에는 『조선민족 갱생의 도道』를 발표하여 일제의 식민 통치하에서도 민족이 다시 살아나기 위해서는 실천적 이상주의를 고취하고, 도덕 경장, 경제 진흥, 고유문화의 진흥 방법 등을 제시하기도 하였다. 더욱이 그는 "말씨[언어]는 겨레의 표현일 뿐만 아니라, 또 그 생명이요 힘이다. 말씨가 움직이는 곳에 겨레가 움직이고, 말씨가 흥하는 곳에 겨레가 흥한다"며 목숨처럼 한글을 지키고자 노력하다 조선어학회 사건에 연루되어 3년간 옥고를 치르기도 하였다.

해방 후에는 대한민국의 국어정책에 초석을 다지고 한글전용운동에 헌신하였다. 조선어학회 재건을 서둘러 국어교재 편찬에 착수하였고, 강습회를 열어 한글을 가르쳤다. 미군정 편수국장에 임명된 뒤에는 초·중등 교과서의 한글 원칙, 가로쓰기 등 어문정책의 큰 틀을 잡았고 대한민국 정부 수립 후에는 '한글전용법'을 관철시켰으며 국민들이 쉽게 이해할 수 있는 가로쓰기를 보편화하고자 더욱 힘썼다. 일본말이나 한자어로 된 용어들을 우리말로 다듬기 위해 노력했는데, 오늘날 우리가 사용하는 많은 용어들은 그의 손길을 거쳐 탄생한 것이다. 그뿐만 아니라 한자폐지운동을 벌이는가 하며 『큰사전』 편찬에도 힘을 쏟았으며 한글의 기계화를 추구하여 한글타자기 탄생에도 이바지하였다.

특히 1953년 4월, 이승만 대통령이 한글맞춤법통일안 이전의 옛 철자법으로 한글을 고치라는 지시를 내리면서 이른바 '한글파동'이 일어났는데, 최현배 선생은 문교부 편수국장직을 그만두고 한글 투쟁에 앞장섰다. 결국 각계각층의 격렬한 반대로 '한글파동'은 약 2년 만에 없던 일이 되었다.

이외에도 최현배는 『글자의 혁명』(1947)·『한글의 투쟁』(1958)·『한글 가로글씨 독본』(1968)·『고희 기념 논문집』(1968)·『한글만 쓰기의 주장』(1970) 등의 단행본으로 펴내 한글전용과 풀어쓰기의 이론을 발표하였다. 또한 그는 국어 정화를 주장하면서 일본어의 찌꺼기를 몰아내고자 '우리말 도로 찾기 운동'을 전개하기도 하였다.

이 책은 최현배 선생의 삶을 조명하는 일대기뿐만 아니라 그의 한글 연구와 관련한 학술적인 내용까지 포함하였다. 학술적인 용어나 문법 등이 어려울 수도 있지만 현재 국어의 발전과정을 살펴볼 수 있는 기회라 여겼기 때문이다.

최현배 선생의 열전을 집필하면서 가장 안타까웠던 것은 그가 일생을 바친 한글 지키기 노력에도 불구하고 오늘날 우리의 영어 쓰임이 도를 넘었고, 영어로 된 전문 용어를 여과 없이 쓴다는 점이다. 거리에 즐비한 영어 간판은 예전 한문 혹은 일어가 한글을 지배하던 시절을 연상케 하고, 마치 영어가 그 자리를 대신하고 있는 듯하여 씁쓸하다. 각 언론사들이 경각심을 불러일으키기도 하지만 한글날뿐이다. 오히려 이를 부추기고 있다 해도 과언이 아닐 정도로 언론에 외래이기 난무하다.

다가오는 2020년은 최현배 선생이 가신 지 50주년을 맞이하는 해이다. 그가 목숨처럼 여긴 한글을 우리는 가벼이 저버리고 있지 않은가 되돌아봐야 할 것이다. 이 책을 통해 한글에 대한 그의 신념을 이해하고 한글의 소중함을 깨닫는 계기가 되었으면 하는 바램을 가져본다.

2019년 11월
이계형

차례

글을 시작하며 4

- 어린 시절 신·구학문 공부 10
- 주시경 선생과의 만남 15
- 동래고보 교원 부임과 우리말 연구 시작 25
- 「조선민족 갱생의 도」 발표 37
- 조선어연구회 활동과 『한글』 창간 45
- 맞춤법 개정에 참여 50
- 한글맞춤법통일안 작업 60
- 「한글맞춤법통일안」에 대한 논쟁 68
- 「한글맞춤법통일안」 제정 74
- 표준어사정을 위하여 81
- 「외래어표기법통일안」의 이론적 뒷받침 87
- 한글 문법서 『중등 조선말본』 출판 92
- 『우리말본』 출판 96

- 연희전문학교 강제 퇴직, 『한글갈』 간행 102
- 조선어학회사건의 발단과 함흥형무소 투옥 109
- 조선어학회 재건과 초등 국어교과서 편찬 122
- 한자폐지운동 전개 128
- 한글 가로풀어쓰기 연구 133
- 우리말 쓰기 운동과 우리말 도로 찾기 운동 138
- 국어사전 『큰사전』 편찬 151
- 대한민국 정부 수립과 '한글전용법' 공포 157
- 한글촉진운동 전개와 편수국장 임명 163
- '한글간소화파동'과 반대 투쟁 168
- 교수로의 복귀와 학교문법 논쟁 181
- 한글의 기계화 연구와 한글타자기 188
- 한글전용운동과 저술활동 192

최현배의 삶과 자취 203
최현배 선생이 저술한 책 목록 207
참고문헌 209
찾아보기 215

어린 시절 신·구학문 공부

최현배는 동학농민운동과 청일전쟁, 갑오개혁 등으로 국내외 정세가 격동하던 1894년 10월 19일(음력) 경남 울산군 하상면(현 울산시 중구 동동)에서 태어났다. 아버지 최병수崔炳壽와 어머니 월성 박씨 사이에서 장남으로 출생했는데, 아래로는 남동생 최현구崔鉉玖가 있었다. 그는 경주 최씨 현실파의 울산지파에 속하는데, 신라 최치원의 후손인 고려시기 최선지崔善之의 24대 손이다.

최현배는 자신의 또 다른 이름을 '감메 한방우'라 하였고 '외솔'이라는 호를 썼다. '감메 한방우'는 그가 '한글쓰기 운동'을 벌였던 1930년대부터 사용한 이름이다. 그는 한국인의 성은 '이', '김' 아니면 '박'이나 '최'인데 제대로의 구실을 하지 못하고 있다면서 각 성의 분파에 따라 새로운 성을 만들어야 한다고 주장했다. 즉 경주慶州 이후는 월성月城으로, 전주全州 이후는 전주로, 진주晋州 강姜은 진주 또는 진양晋陽과 같이 하면

울산광역시 중구 동동에 복원된 최현배 생가(2009. 9. 울산광역시 자료 사진)

된다는 것이다. 그는 이와 더불어 본향만으로 할 것은 아니고 각자의 창의에 따라, 좋다고 생각하는 성을 지으면 될 것이라고 했다. 이에 그는 자신의 최 씨 성을 '감메'로 고쳤다. 이와 함께 이름을 '한방우'라 고쳤다. 이는 주시경이 자신의 호를 '한힌샘'이라 했는데 여기에서 '한'을 따왔다. '한'은 크다는 의미이고 '방우'는 바위의 울산 사투리이다. 자신의 이름을 '큰 바위'라는 뜻으로 지은 것이다.

'외솔'은 일제강점기에 우리 한글만은 끝내 지켜내겠다는 결심을 다지고 성삼문의 시조 중 '낙락장송落落長松'이라는 표현에서 가져온 것이다. "이 몸이 죽어가서 무엇이 될꼬 하니 봉래산 제일봉에 낙락장송 되어 있어 백설이 만건곤할 제 독야청청하리라"는 시조의 내용은 그의 의지를 가늠케 한다. 늘 변함없이 홀로 서 있는 소나무처럼 그 역시 불의

경상좌병영의 객사 제남관(서울대학교박물관 소장)

에 타협하지 않았다. 한 번 옳다고 판단한 일에 대해서는 조금도 굽히지 않았다. 이러한 그였기에 일제의 악형 속에서도 절개를 지켜낼 수 있었고, 해방 후 이승만 정부의 한글파동도 이겨낼 수 있었을 것이다.

최현배는 1899년 2월 6살의 나이에 외숙이 가르치는 마을 서당에서 글공부를 시작했다. 그가 선천적으로 약했던지 아버지가 업고 서당을 다녔다고 한다. 하지만 7살에 아버지를 여의고 홀어머니 밑에서 성장했다. 1905년 11살에 바둑에 재미를 붙여 이웃마을 사람들과 겨루어 늘 이기곤 했다. 그래서인지 그는 어려서부터 총명하다는 말을 듣곤 했다.

1907년 그가 다니던 서당이 폐쇄되자 14살이던 그는 하상면의 일신학교日新學校(현 병영초등학교) 3학년에 편입했다. 일신학교는 울산의 유지인 이재호李在琥가 1906년 8월에 설립한 학교였다. 이재호는 1905년 11월 을사늑약이 체결되자 나라를 구할 수 있는 길은 오직 후학양성에 있다고 생각하고 사재를 털어 학교를 세웠다. 초창기 교사는 경상좌병영慶尙左兵營의 객사 제남관濟南館을 빌려 사용했다. 이후 이재호가 부지를 매입하여 학교 건물을 조성하고 초대 교장으로 취임했다.

최현배는 일신학교에서 구학문인 『사서삼경』뿐 아니라 신학문인 『초등산술교과서』도 공부했다. 이때 그는 수학에 흥미를 느꼈으며, 다른 반 학생들을 가르칠 정도로 실력을 인정받았다.

유일선의 『초등산술교과서』(상권)

유일선柳一宣이 지은 『초등산술교과서』는 오늘날 교사나 고등학생도 풀기 어렵다고 알려져 있다. 제목은 '초등산술'이라고 되어 있으나 중학교에서도 사용하도록 편찬되었다. 내용은 가감승제加減乘除의 법칙, 분수와 약수, 잉여剩餘의 이론, 간단한 수의 배수, 최대공약수, 상대적 소수 등 총 70개의 소단원으로 구성되어 있다. 각 장이 끝나는 곳에는 연습문제가 있고, 각 편이 끝나는 곳에는 잡제雜題를 초·중·고급으로 나눈 총정리 식의 문제풀이를 수록하고 있다. 최현배는 이 책에 실린 수학 문제를 낱낱이 분석하고 밤새워 풀곤 했다고 한다. 그는 "이 산술 공부에서 나의 공부하는 태도와 방법을 세웠고 일생의 학문 연구의 근본을 닦았던 것이라고 생각하고 있다"고 회고할 정도였다.

최현배는 일신학교 재학중에 일제에 의해 고종이 강제 퇴위를 당하고 군대가 강제로 해산되는가 하면 정미조약까지 체결되어 나라가 점차 국망의 길로 접어드는 것을 지켜보았다. 당시 『대한매일신보』에는 그와 관련된 기사가 쏟아졌는데, 최현배는 '칠적'을 타도하자는 사설을 읽을 때 목 놓아 울기도 했다 한다.

주시경 선생과의 만남

최현배는 일신학교를 졸업한 뒤, 곧바로 1910년 4월에 상경하여 관립한성고등학교에 입학했다. 관립한성고등학교는 지금의 정독도서관 자리에 있었는데, 1906년 9월 통감부에서 관립중학교를 4년제 과정으로 재편하면서 비롯되었다. 그 뒤 1911년 8월 일제의 「제1차 조선교육령」에 따라 관립한성고등학교는 경성고등보통학교로 명칭이 바뀌었다.

1910년 2월에 신문에 실린 학생모집 광고를 보면, 120명 모집에 시험 과목은 국어·한문, 일어, 산술 등이었음을 알 수 있다. 최현배가 입학할 당시에는 천여 명이 지원하여 8.3:1의 경쟁률을 보였다. 최종으로 학력시험을 거쳐 100명을 선발했다.

당시 최현배가 진학할 수 있는 학교는 그리 많지 않았다. 서울의 관립학교는 한성고등학교를 비롯하여 법학교, 외국어학교, 사범학교가 전부였고, 지방의 관공립학교는 실업학교와 농림학교뿐이었다. 이에 준하는

관립한성고등학교 전경과 교문

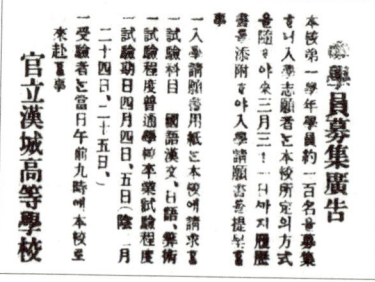

관립한성고등학교 학원모집 광고(『황성신문』 1910년 2월 27일자)

사립중등학교는 서울에 흥화학교, 광흥학교, 시무학교, 양정의숙, 보성학교, 휘문익수, 중동학교, 장훈학교, 보인학교 등이 있었다. 최현배가 관립한성고등학교에 진학한 것은 일본으로 유학갈 계획을 가지고 있었기 때문이었다. 당시 관비유학생으로 선발되기 위해서는 관립고등학교 또는 그와 동등하거나 그 이상의 사립학교의 졸업자에게만 기회가 주어졌기 때문이었다.

입학 직후 그는 외종형 박필주朴弼周, 친구 김두봉金枓奉(1889~1961) 등의 권유로 평생의 스승인 주시경周時經(1876~1914)을 만나게 되었다. 당시 주시경은 박동의 보성학교에서 국어강습회를 열고 한글을 가르쳤는데, 최현배가 이 강습회에 참석하면서 두 사람은 인연을 맺었다. 그는 이 강습을 계기로 한글에 흥미를 가졌다. 기장군 출신의 김두봉은 상경하여 기호소학교에서 수학한 뒤 보성학교에 진학했다. 1908년 보성학교를 졸업한 그는 모교에서 교사로 근무하면서 배재학당에 진학했고, 여름방학에는 보성학교 국어 교사였던 주시경이 운영하는 하기강습소에 다니면서 한글을 공부했다.

주시경은 황해도 봉산 출신으로 배재학당을 졸업하고, 1896년 독립협회에 참여하면서 서재필에게 발탁되어 『독립신문』 창간 때부터 회계사무 겸 교보원校補員으로 일했다. 당시 『독립신문』은 계층에 상관없이 쉽게 접할 수 있도록 순한글로 발행되었으므로 그는 이곳에서 일하면서 한글연구에 뜻을 두게 되었다. 이를 계기로 그는 협성회에 참여하여 『협성회보』를 발간하고, 국문동식회國文同式會를 결성하여 한글 기사체의 통일과 연구에 힘쓰는 한편, 여러 학교와 강습소에 다니면서 한글을 가르

주시경

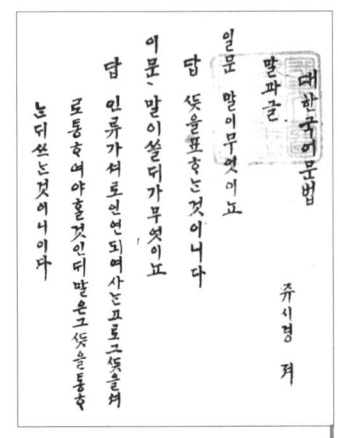
『대한국어문법』(1906)

치고 보급하는 데에 온 힘을 쏟았다. 특히 그는 1907년 7월 어윤적魚允迪, 이능화李能和 등과 함께 학부學部에 개설된 국문연구소 위원으로 활동했다.

주시경은 1900년 봄부터 1년간 상동학숙에서 한글을 가르친 것을 시작으로 하여 밤낮으로 여러 학교와 학원에서 연구한 것을 학생들에게 가르쳤다. 특히 그는 1905년 상동청년학원에서 학생들을 가르칠 때 학생들에게 교재로 나누어준 것을 모아 1906년 6월 첫 저서인 음학서音學書 『대한국어문법』을 펴냈다.

이어 그는 1907년 7월부터 상동청년학원 안에 처음으로 하기국어강습소를 개설하여 국어와 국문 전반에 관하여 가르쳤다. 그해 9월에 25명의 졸업생을 배출할 정도로 성과가 자못 컸다. 이에 힘입어 1908년 8월에는 제2회 하기국어강습소 졸업생이 배출되었다. 이때 졸업한 박태환朴珆桓이 수업자료를 정리하여 펴낸 『국어문전음학國語文典音學』이 박문서관에서 간행되었다. 주된 내용은 주시경의 『대한국어문법』과 거의 일치하는데, 박태환이 쓴 간행 동기의 서序와 머리말에 해당하는 제2회 하기국어강습, 국어와 국문의 숭상·연구 필요성을 논한 '자국언문自國言文'이 추가되었다.

제2회 국어강습이 끝난 뒤, 주시경은 제1회 졸업생들과 여러 뜻 있는 사람들과 함께 서대문구 봉원동의 봉원사奉元寺에서 '국어연구학회國語研究學會'를 창립했다. 회장은 김정진金廷鎭이었다. 국어연구학회는 사립 청년학원에 사무실을 마련하고 1909년 한 해 동안에 모두 일곱 차례의 총회를 열었을 정도로 활발한 활동을 전개했다. 국어연구학회에서 중점을 둔 것은 강습소의 설치 및 운영이었다. 강습소 과정은 1개년으로, 강의는 매주 일요일 오후에 열기로 결정하고 강사는 주시경이 도맡았다. 이에 따라 1909년 11월 제1회 강습소가 상동청년학원에서 열렸고, 1910년 6월 첫 졸업생 20명을 내보냈다. 그런데 헤이그특사였던 이준李儁이 상동교회에서 활동했다 하여 일본 경찰의 감시가 심해졌다. 그 때문에 1910년 7월부터 시작한 제2회 강습소는 박동에 있는 보성학교에서 열었다. 당시 소장은 주시경이었고, 강사는 장지영張志暎이었다. 장지영은 1908년부터 주시경 문하에서 국어학을 연구해온 터였다.

1910년 경술국치 이후 10월에는 잠시 보성학교를 떠나 사동 천도교 사범강습소에서 강습회가 열렸다. 이때 최현배가 강습소 초등과에 발을 들여놓은 것으로 보이는데, 당시 그는 본이름 외에 '최현崔鉉彛'이라는 이름을 썼다. 박필주, 김두봉, 변영태卞榮泰, 오봉빈吳鳳彬 등도 함께 수학했다. 그는 일요일마다 빼놓지 않고 강습소를 다니며 '국어'를 배웠을 뿐만 아니라 주시경으로부터 우리말과 글에 대한 사랑, 우리말과 글을 연구하는 방법을 배웠으며, 겨레정신에 깊은 자각을 얻어 일생의 목표를 갖게 되었다고 한다. 주시경은 "국어는 우리 민족의 정신적인 새김이요, 우리의 생각과 행동 세계를 지배하는 것"이라는 민족주의 언어관을 지니고 있었다. 주시경의 '말-글-얼' 삼위일체 언어관은 민족주의 언어관을 대표하는 것이었다.

한편 최현배는 신채호가 쓴 『수군 제일위인 이순신전』을 읽었고, 김두봉 등과 함께 스승을 쫓아 대종교에 입교했다. 대종교는 단군숭배 사상을 기초로 한 우리 민족 고유의 종교로, 1909년 2월 나철羅喆이 창도했다. '대종大倧'이란 삼신三神, 즉 환인, 환웅, 환검(단군)을 가리킨다. 1916년 9월 나철이 일제의 가혹한 탄압을 받아 황해도 구월산에서 자결 순국한 뒤, 교단 총본사는 만주로 옮겨져 독립운동의 모체 역할을 했다.

1911년 6월 최현배는 51명과 함께 강습소 초등과 과정을 모두 마쳤다. 하지만 그는 1년을 더 배우고자 일부러 졸업증서를 받지 않았다. 이후 최현배는 한글로 초등학교용 국어독본을 꾸미기 시작했다.

하지만 상황은 그리 녹록하지 않았다. 국어연구학회는 1911년 9월 총회에서 '배달말글몬음[朝鮮言文會]'으로 명칭을 바꾸었다. 강습소의 이름은 '조선어강습원朝鮮語講習院'으로 고치고, 초등·중등·고등 3과를 두었다. 당시 원장은 남형우, 강사는 주시경이었다. 경술국치 이후였기 때문에 '국어' 대신 '조선어', '국문' 대신 '조선문'이라고 했던 것이다. 그런데 이는 공교롭게도 순우리말 이름의 사용을 부추긴 계기가 되었다.

최현배의 조선어강습원 중등과 '익힘에 주는 글[수료증]'로, 이름이 최현이(崔鉉彝)로 되어 있음(1912. 3)

주시경은 『국어문법』(1910)을 간행하면서 많은 문법 술어를 새로 만들어 썼다. 이런 흐름 속에서 조선어강습원의 명칭도 1914년에는 '한글배곳'이라고 바꾸었다. 하지만 강습원은 1917년 3월 제5회 고등과 졸업식(14명), 제6회 초등과 수업식(17명)을 끝으로 문을 닫고 말았다.

최현배는 1911년 9월부터 1912년 3월까지 보성학교 내에 개설된 조선어강습원 중등과를 수료했다. 그는 강습원에서 주시경을 찾아다니며 옛 책을 얻어 보거나 새 원고를 빌려 베껴쓰기도 했다. 이때 같이 수료한 동학들은 차상찬車相瓚, 이규영李奎榮, 이병기李秉岐, 윤태휴尹泰烋, 권덕규權惠奎, 신명균申明均, 윤복영尹福榮, 염상섭廉尙燮 등이었다. 이어 1913년

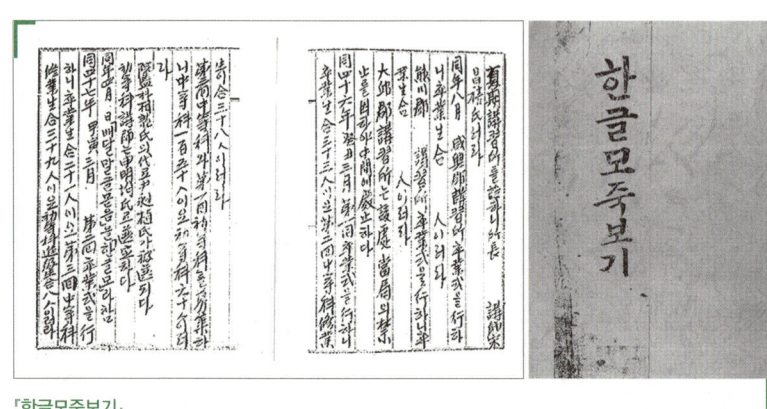

「한글모죽보기」

3월에는 고등말본 과정을 이수해 배달말글몯음 고등과 제1회 졸업생이 되었다. 당시 발급된 졸업증서에는 그의 이름이 'ㅊㅗㅣㅎㅕㄴㅇㅣ(최현이)'라고 풀어 써 있다. 『한글모죽보기』에 따르면, 그의 성적은 학과 99점, 근만 출석) 100점, 평균 99.5로 졸업생 33명 중 성적이 가장 우수했다. 당시 동기생은 이대영李大泳, 신명균, 이병기, 이용설, 윤복영, 현상윤, 김두봉, 권덕규 등이었다. 최현배는 이대영과 함께 최우수 상장을 받았고 졸업생 대표로 답사를 했다. 졸업 후 최현배는 졸업생 윤복영, 현상윤, 김두봉 등과 함께 조선언문회(한글모)의 특별회원이 되었다. 이후에도 그는 일요강습회에 꾸준히 참석했다. 한글모는 1913년 3월 배달말글몯음이 바뀐 이름이다.

고등과 졸업 직후인 1913년 4월 최현배는 홀어머니를 잃고 말았다. 7살 때 아버지를 잃고 19살에 어머니마저 여의자 그 애통함이 심했던지 병을 크게 앓았다. 그는 휴학하고 고향집에서 1년간 요양했다.

최현배의 관비유학생 결정 소식이 실린 신문기사
(『매일신보』 1915년 4월 25일자)

    이듬해 4월 그는 경성고보 4학년에 재입학했다. 그 해 7월 여름방학을 이용해 경남 동래군 읍내의 동명학교東明學校(현 동래고)에 마련된 한글강습소에서 강사로 일했다. 한글강습소는 1912년 이후 서울뿐만 아니라 함남 함흥 숙정학교 강습소, 경남 웅천군 개통학교, 경북 대구 협성학교, 황해도 재령 나무리강습소, 경남 명정학교明正學校 등으로 확대, 개설되었다. 이에 주시경 혼자 한글 수업을 감당하기 어렵게 되자 그의 제자인 최현배를 비롯하여 박태환, 박제선朴齊璿, 장지영, 이규영, 박준성朴俊成, 권덕규 등이 그를 도왔다. 최현배는 주시경의 간곡한 부탁과 "잘 가르치고 돌아오라"는 격려의 말을 듣고 동명학교 강사로 내려갔다. 그런데 20여 일 동안 진행되던 하기강습 도중에 스승인 주시경이 돌아가셨다는 소식을 접하고는 강습회장에서 추도회를 열었다. 1914년 7월의 일이었다. 당시 그는 슬픔과 외로움으로 가득 찬 느낌을 가졌으면서도 이 길의 앞을 위해 무거운 짐을 받았다는 생각을 했다. 스승의 정신을 이어나가야 한다는 일종의 사명감을 갖게 된 것이다.

1915년 3월 최현배는 경성고보 제5회 졸업생이 되었다. 그 해 4월 관비유학생 5명 가운데 한 명으로 선발되었는데, 경성고보 본과 졸업생 71명 가운데 그가 유일했다. 최현배는 1915년 4월 히로시마廣島고등사범학교 문과 제1부[국어과(일본어과) 및 한문과]에 입학했다. 그가 사범학교에 진학하게 된 것은 당시 일제가 유능한 교원을 양성하기 위한 목적에서 일본으로 유학 보냈기 때문으로 생각된다. 그는 그곳에서 일본문학과 한문학을 배우며 교육학을 정규과목으로 정하고 공부를 시작했다.

5학년 졸업을 앞둔 1919년 도쿄에서는 유학생들이 2·8독립선언을 했고, 얼마 뒤 국내에서는 3·1운동의 불길이 타올랐다. 도쿄에서 거리가 먼 히로시마에서 유학중이던 최현배에게는 유학생들의 연락이 닿지 않았던지 그는 독립선언 소식을 몰랐던 것 같다. 다만 최현배는 1919년 1월 21일 고종이 승하했다는 소식을 듣고는 유학생들과 함께 산에 올라 망제를 지내기도 했다. 그는 3월 25일 일본 문부성으로부터 수신, 교육, 일본어, 한문, 법제, 경제 부문의 중등학교 교원면허증을 받았다. 졸업 후 귀국할 무렵 국내에서는 3·1운동이 전국적으로 전개되고 있었다.

동래고보 교원 부임과
우리말 연구 시작

최현배는 귀국 후 병을 핑계로 관공립학교에서의 의무복무 연한을 채우는 대신에 고향에서 시간을 보냈다. 이때 그는 한국인 상권 확보를 위해 지방 유지의 도움을 받아 공동상회를 설립했다.

  1920년 1월 11일 그는 부인과 장남을 고향에 둔 채 우리말 교육과 인연이 있는 사립동래고보(동명학교 후신) 교원으로 부임했다. 히로시마고등사범학교 유학생으로 의무복무 연한을 채우려는 의도도 있었던 것으로 보인다. 그는 학교 기슭에 있던 큰 기와집 방 한 칸을 숙소로 정하고, 식사는 학교 밖에 있던 기숙사에서 학생들과 함께 했다. 옷은 히로시마고등사범학교 제복에 단추만 갈아 끼워 입고, 머리는 학생들과 같이 빡빡 깎아 검소한 차림새였다. 그는 동래고보에서 한글과 영어를 가르쳤다. 수업 시간에 종종 페스탈로치J. H. Pestalozzi에 대해 강의를 했는데, 이에 감명을 받은 학생들 가운데에는 교육계에 투신한 이도 적지 않았다.

1930년대 동래고등보통학교

울산 신흥사

    그는 일요일이나 공휴일에는 학생들과 함께 근처 금정산, 장산 등을 오르며 학생들에게 호연지기를 가르쳤다.

    학교 근처에는 온천이 있었지만 그는 눈길도 주지 않았고, 지방 인사들이나 교유들까지도 멀리하며 연구와 교육에만 전념했다. 최현배는

『우리말본』을 등사판에 손수 찍어 소리갈[음성학]부터 씨갈[품사론], 월갈[통사론]까지 수백 장 되는 분량을 기르쳤다. 이때 한글연구의 첫발을 내딛어 『우리말본』 초고의 얼개가 그려졌다. 여름방학에는 태령泰領을 넘어 울산의 신흥사新興寺에 기거하면서 『우리말본』 집필에 몰두했다. 이는 히로시마고등사범학교 재학 중에 언어학을 배운 것에 기초한 것이 아닌가 한다.

한편 그가 동래고보에서 교편을 잡고 있을 때 '조선어연구회'가 발족했다. 조선어연구회는 1921년 12월 3일 휘문의숙徽文義塾에서 임경재(휘문학교 교장), 최두선(중앙학교 교장), 이규방(보선학교 교두), 권덕규(휘문학교 교사), 장지영(조선일보사 문화부장), 이승규(보성중학교 교사), 신명균(한성사범학교 출신) 등이 발기하여 조직되었다. 조선어연구회의 출범에 관여한 이들은 한글연구에 한평생을 바친 주시경 선생의 가르침을 이어받아 한글연구에 헌신해온 인물들이다. 조선어연구회는 오늘날 한글학회의 시초이자 우리나라 민간학술단체의 효시였다. 1914년 7월 주시경이 작고하자 제자들은 허탈감과 일제의 탄압 때문에 한글모 활동을 중단했다. 그 뒤 1919년 3·1운동의 영향으로 일제의 통치방식이 바뀌자 학회를 재정리하여 새롭게 출발하는 여건이 형성되었다. 이에 조선어연구회가 만들어졌는데, 이는 한글모의 재건이기도 했다.

당시 조선어연구회 규약은 다음과 같다.

1. 조선어의 정확한 법리法理를 연구함을 목적으로 한다.
2. 매월 한 차례(두 번째 토요일) 연구발표회를 열고 때에 따라 강연회, 강

교토제국대학 정문

습회를 연다.
3. 간사 세 사람을 두어 사무를 주관하게 한다.

이에 간사장은 임경재가, 간사는 장지영과 최두선이 맡기로 했다. 하지만 최현배는 2년여 동안 동래고보에서 교편을 잡은 뒤 일본으로 또다시 유학을 떠났기 때문에 조선어연구회에 직접 관여하지는 못했다.

최현배는 1922년 1월 12일부터 3월 31일까지 모교인 히로시마고등사범학교 연구과에서 수학한 뒤에 진로를 모색했다. 그 결과 4월, 29살의 나이에 교토제국대학 문학부 철학과에 입학했다. 처음에는 사회학을 전공하려고 했으나 민족개조와 사회개량의 근본 방책이 교육에 있음을 깨닫고 교육학을 선택했다고 한다. 그는 그곳에서 철학, 서양철학사, 중

제1회 교토조선유학생 하기 순회강좌 소식을 보도한
신문기사(『동아일보』 1922년 7월 1일자)

국철학사, 심리학, 윤리학, 교육학 등과 교수법, 미학미술사, 종교학, 사회학 등을 수강하였다. 그가 관심을 둔 과목은 교육학, 교수법, 서양철학사와 심리학 등이었지만 우리말 연구를 위해 부전공으로 언어학을 택했다.

최현배는 교토에 있으면서 마음에 맞는 학생들과 함께 백제나 고려와 관련한 사적지를 찾아다녔다. 당시 교토에는 대학생 및 중고등 학생을 포함해 40여 명의 한국인들이 유학하고 있었다. 당시 30대가 된 최현배는 다른 유학생들보다 10세 이상 많았다. 그 까닭에 학생 신분이면서도 유학생들 사이에서는 학생 선생님으로 통했다. 조선물산장려운동이 한창이던 1923년에는 국내의 물산장려회 본부에 표어를 보내 수상한 일도 있었다. 그때 그가 지은 표어는 "내 살림은 내 것으로 한다"였다.

최현배 기고, 「우리말과 글에 대하여(1)」,(『동아일보』 1922년 8월 29일자)

  그는 교토제국대학 1학년에 재학 중이던 1922년 7월, 교토의 유학생들이 주최한 하기 순회강좌에 참여해 충남 공주의 대화정예배당에서 '우리글의 가로쓰기'라는 주제로 강연을 했다. 그를 포함하여 강연회에 참가한 유학생은 교토의학전문학교의 김두종金斗鍾·문목규文穆圭, 교토제국대학 경제학부 이관구李寬求·이희준李熙俊 등이었다. 이때 그의 강연은 그가 평생 주장해온 '한글 가로풀어쓰기'를 처음 공개적으로 밝혔다는 점에서 의미가 크다. 그는 평양 숭덕학교, 재령 명신학교에서 같은 주제로 강연을 이어갔다. 재령에서는 일본 경찰에 연행되기도 했다. 철학을 전공하는 학생이면 철학 강연을 할 것이지 왜 조선어와 관련한 강연을 하느냐, 조선어를 장려하는 것은 간접적으로 일본어를 배척하고자 하는 의도가 아니냐며 생트집을 잡았기 때문이었다. 그 후 그는 재령 유지들의 도움으로 무사히 풀려났다.

  그의 강연 내용은 1922년 8월 29일부터 9월 23일까지 「우리말과 글에 대하야-우리글의 가로씨기」라는 제목으로 23회에 걸쳐 『동아일보』

에 연재되었다. 기고문의 첫 부분을 "이 글은 금빈 경도京都 유학생 히기 순회강좌에서 내가 강의한 것을 그대로 정리한 것이외다"라고 시작하면서 "완벽지 못하나마 스스로 마지못하는 책임의 감感과 의무의 심心으로서 감히 이를 신문지상에 발표하노니 우리 민족의 장래를 위하여 그 행복과 번영을 도圖코자 사려思慮와 노력을 아끼지 아니하시는 동지 여러분은 이를 읽어보시고 고명한 비평과 협동의 노력을 하여 주시기를 간절히 바라나이다"고 맺었다. 우리 민족의 장래를 위한 책임감과 의무감에서 한글을 가로로 풀어써야 함을 주장했던 것이다.

김두봉의 『깁더 조선말본』(1922)

이 글은 최현배가 우리 한글의 우수성을 확인하고, 부족한 점을 개량할 목적으로 집필했다. 그의 '가로쓰기안'은 주시경은 물론 그해 김두봉이 펴낸 『깁더 조선말본』의 영향을 받은 것으로 보인다. 주시경은 『독립신문』 1897년 9월 28일자에 투고한 「국문론」에서 한글을 가로로 써야 한다는 생각을 처음 밝혔지만, 그 어느 누구도 관심을 보이지 않았다. 그 뒤 주시경은 자신이 운영했던 강습소의 졸업증서에 가로쓰기를 선보인 이후 어린이 잡지 『새벗』에도 이를 발표했다. 또 1914년 4월에 펴낸 『말의 소리』의 부록에도 「우리글의 가로쓰는 익힘」이라는 제목의 글을 실어 가로쓰기를 제시했다.

이후 주시경의 제자인 김두봉이 뒤를 이어 가로쓰기를 주장했다. 김

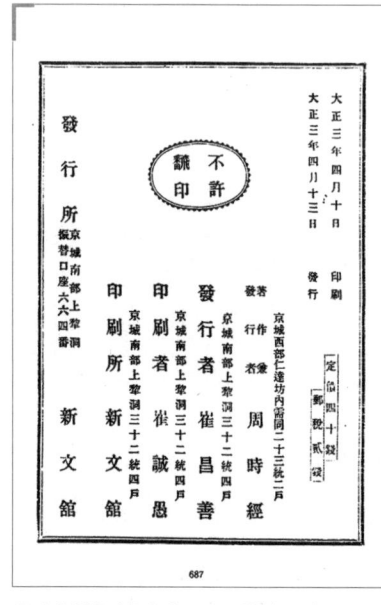

주시경의 「우리글의 가로쓰는 익힘」(1914)

두봉은 1910년 12월 최남선이 개설한 조선광문회에 참여하면서 한국어사전인 『말모이』 편찬 사업에 뛰어들었다. 주시경이 갑작스럽게 세상을 뜨면서 그 사업은 빛을 보지 못했지만, 김두봉은 주시경의 문법이론을 바탕으로 삼아 1916년 4월 신문관에서 『조선말본』을 펴냈다. 이는 조선어사전을 편찬하기 위한 기초 작업 가운데 하나였다. 이어 김두봉은 1922년 상하이에서 『조선말본』의 수정증보판인 『깁더 조선말본』을 펴냈다. '깁더'라는 말은 '깁고 더하다'는 뜻이다. 이 시기는 김두봉이 1919년 3·1운동에 참여한 후 중국 상하이로 망명하여 대한민국임시정부 의정원의원에 선출되었고, 임시사료편찬위원회에서 편찬위원으로

1926년 가갸날 기념식 당시에 발표한 가로쓰기안(『조선일보』 1926년 11월 18일자)

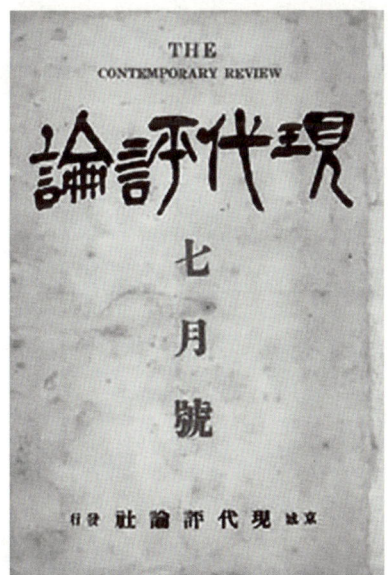

「현대평론」

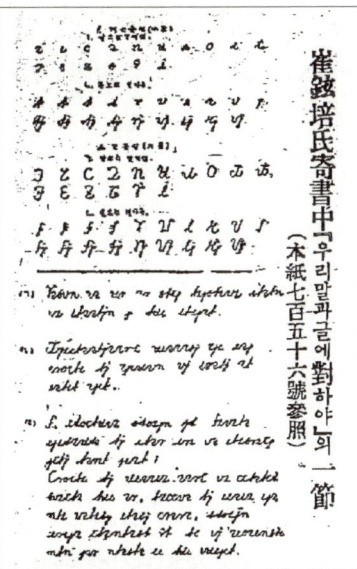

「우리말과 글에 대하야」
(『동아일보』 1922년 10월 12일자)

동래고보 교원 부임과 우리말 연구 시작

활동하던 때였다.

김두봉은 『깁더 조선말본』에서 우리글이 반드시 고쳐야 할 몇 가지 방법을 소개했다. 이에 따르면, "'ㅗ, ㅛ, ㅜ, ㅠ' 등도 'ㅏ, ㅑ, ㅓ, ㅕ, ㅣ'처럼 오른쪽으로 가로쓰고 받침도 오른쪽으로 가로써야 한다는 것, 'ㅇ'과 'ㆍ'는 아니 쓴다, 즉 '아버지는 ㅏ버지로, 하ᄂ니는 하나니'로 표기한다는 것이 있다. 또 낱말 안에 소리덩이를 거듭할 때와 낱말을 거듭할 때와 마디말을 거듭할 때에는 다음과 같이 보람은 둠: 예를 들어 '단단하'는 'ㄷㅏㄴ : ㅎㅏ'로, '출렁출렁하'는 'ㅊㅜㄹㄹㅓㅇ : ㅎㅏ'로, '누구든지 누구든지'는 'ㄴㅜㄱㅜ ㄷㅡㄴㅈㅣ'"로 표기하자는 것이다.

그 뒤 최현배도 힘들여 '흘림체 가로쓰기안'을 고안했지만, 신문사의 비협조로 햇빛을 보지 못했다. 4년 뒤 최현배는 다시 '가로쓰기안'을 세상에 내놓았다. 1926년 가갸날 기념식 당시에 발표한 자료가 남아있어 그가 초기에 품고 있었던 가로쓰기의 얼개를 어느 정도 실필 수 있다. 당시 그가 주장했던 좋은 글씨의 조건, 우리글의 고쳐야 할 점 등은 김두봉의 견해와 크게 다르지 않았다. 그 뒤로도 최현배는 끊임없이 가로쓰기를 주장했다. 1938년 2월부터 5월까지는 4차례에 걸려 「가로쓰기의 이론과 실제」라는 글을 연재했다.

최현배는 교토대학의 학사시험을 통과한 뒤에 「페스탈로찌의 교육사상」이라는 제목의 졸업논문을 발표하고 1925년 3월 졸업했다. 그는 페스탈로치의 인격과 사상에 감화를 받아 교육학을 전공하며 그의 교육사상을 연구한 것이다. 졸업 후에 오사카교원회의 초대를 받아 페스탈로치의 교육사상을 역설하기도 했다. 그는 이와 관련한 주요 내용을 1927년

3월 『현대평론』에 소개했고, 전체 내용은 해방 후인 1963년 3월 『나라 건지는 교육』이라는 제목의 단행본으로 펴냈다.

그는 본래 학사학위 논문 제목을 「베스달로찌이의 교육학」이라 하고 싶었지만, 교토대학 측에서 정한 글자 수의 제한 때문에 '교육방법론'과 '페스탈로치의 영향'을 줄이고 '원리편'만을 실어 제목을 「페스탈로찌의 교육사상」이라 고쳤다. 이런 탓에 그는 졸업논문이 양두구육이 되었다

『나라 건지는 교육』(1963)

고 소감을 밝히기도 했다. 그가 페스탈로치를 연구하게 된 것은 교육학을 전공했기 때문이기도 하지만, 무엇보다 스스로 조선의 페스탈로치가 되겠다는 생각이 크게 좌우했기 때문이었다. 그와 관련한 내용은 『나라 건지는 교육』의 서문에 잘 나타나 있다.

> 나는 왜정 밑의 우리 사회의 무기력과 침체를 타개하여 겨레 갱생의 기틀을 짓고자 하는 생각에서, 처음엔 사회학에 뜻하다가 다음엔 교육학으로 뜻을 돌려 베스달로찌이의 생애와 사상을 연구하여 … 여기 뒤친 논문을 썼던 것이다. 이것이 학생시대의 지음으로서 그 내용의 불비함이 많은 것임은 틀림없겠지만 역시 나의 한살이 갈 길에서의 버릴 수 없는 하나의 뜻있는 자극인 것이다.
>
> – 최현배, 『나라 건지는 교육』, 1963. 167~168쪽

최현배는 학부를 졸업했지만 곧바로 귀국하지 않고 1925년 4월 교토 대학 대학원에 진학했다. 대학원에서 그는 문학부 고니시小西重通 교수와 노가미野上俊夫 교수의 지도를 받아 서양 근세 교육사상사를 연구했다.

그는 1926년 6월 27일 재교토在京都 조선유학생학우회가 창간한 기관지『학조學潮』에「기질론」을 발표했는데, 각 유형의 기질은 절대적이 아니며 국민에 따라 조금씩 달라질 수 있고 교육의 힘으로 얼마큼 개선할 수 있다는 점을 강조했다. 이는「조선민족 갱생更生의 도道」를 작성하는 계기가 되었을 것이다.

최현배는 대학원 재학 중에 나라현奈良縣 산변군山邊郡의 나라외국어학교에서 1926년 3월까지 1년간 조선어 교수로 재직했다. 이곳에서 그는 조선민족사회의 개조를 위한 장문의 논문「조선민족 갱생의 도」를 집필했다. 이 논문에서 그는 민족이 다시 살아나기 위한 방안으로 신교육의 정신 함양, 계몽운동 전개, 도덕경장, 경제 진흥, 민족 고유문화 발양 등을 들었다. 그는 이 글을 10년간의 졸업논문이라 자처하기도 했다.

그리고 그는 이때 동래고보에서 시작한『우리말본』집필에 다시 손을 대기 시작해 '소리갈'[음성학]을 대강 끝냈다. 그는 대학원 과정을 마치고 1926년 3월 일본 문부성으로부터 철학개론, 심리 및 논리의 고등학교 교원면허증을 받고 귀국했다.

「조선민족 갱생의 도」 발표

1926년 4월 최현배는 연희전문학교 교수로 부임했다. 같은 시기에 그는 이화여자전문학교 교수도 겸직했다. 당시 연희전문에는 국학자를 비롯하여 구미 및 일본에서 유학한 인사들이 교수로 초빙되었다. 문과의 정인보鄭寅普, 원한경元漢慶(호러스 호턴 언더우드Horace Horton Underwood), 유억겸俞億兼, 백낙준白樂濬, 손진태孫晋泰, 이양하李敭河 등이 그들이다. 연희전문 출신인 김윤경金允經, 정인승鄭寅承, 정태진丁泰鎭 등의 한글학자들도 그 무렵에 교수로 부임했다.

최현배는 1938년 3월까지 연희전문에 재직하며 우리말의 문법을 비롯해 철학, 논리학, 윤리학, 교육학, 심리학 등을 가르쳤다. 저술활동에도 매진하여 교육과 사상 및 우리의 어문에 관련된 논설을 『학조』, 『현대평론』, 『신생』, 『한빛』, 『동광』, 『자활』, 『연희』 등의 잡지와 『조선일보』, 『동아일보』 등의 신문에 꾸준히 발표했다. 이 과정에서 일제의 검열로 원고를 삭제당하는 어려움을 겪기도 했다.

연희전문 교수로 부임한 직후 1926년 9월 25일부터 12월 26일까지 「조선민족 갱생의 도」를 65회에 걸쳐 『동아일보』에 연재했다. 갱생更生이란 '다시 산다'는 뜻으로, 일제 강점하에 놓인 조국의 갱생, 즉 해방을 탐구하는 내용이다. 그는 첫 회에 실린 서론에서 다음과 같이 밝히고 있다.

최현배의 「조선민족 갱생의 도」(1)
(『동아일보』 1926년 9월 25일자)

우리는 조선사람이다. 그러므로 우리는 세계 어느 나라의 사람보다 더 마음이 조선의 산하를 사랑하며 조선의 민족을 사랑하며 그 산하와 그 민족의 사이에 반만 년이나 이어 내려온 조선의 역사를 사랑한다. 조선의 문화를 사랑한다. 우리는 조선의 과거에 대하여 추억의 사랑을 가짐으로 그의 현재에 대한 직감의 사랑을 가지며 그의 장래에 대하여는 이상의 사랑을 가진다. 우리는 조선을 전적으로 사랑한다. 조선의 흥성과 영예를 가장 기뻐함도

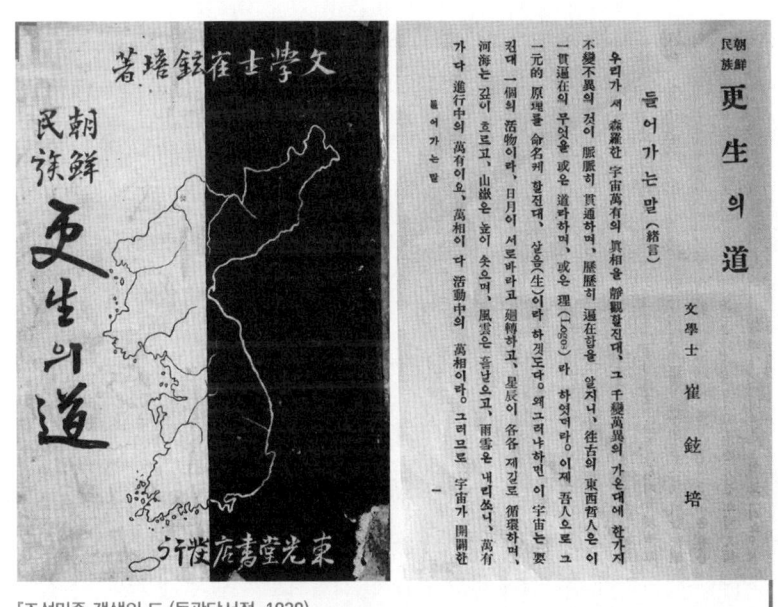

「조선민족 갱생의 도」(동광당서점, 1930)

우리이며 조선의 잔쇠와 회욕을 가장 슬퍼할 이도 우리 조선의 사람이다. 요컨대 우리는 이 세계 누구보다도 가장 많이 조선을 사랑하는 조선 사람이다.

그러나 그와 동시에 우리가 또한 세계 사람임을 부인치 아니하며 또 저버리지도 아니한다. 그렇지만 어떤 사람 모양으로 나는 조선 사람도 아니오, 일본 사람도 아니오, 황인종도 아니오, 백인종도 아니오, 다만 세계 사람이다. 하여 조선이란 것에 국한되며 결탁되기를 싫어하지도 아니하며 경시하려고도 아니한다.

1930년 4월 동광당서점에서 단행본 『조선민족 갱생의 도』를 펴냈고, 1971년에 정음사에서 정각본으로 다시 간행하였다. 최현배는 1930년에 이 책을 출판한 것에 대해 다음과 같이 말했다.

이 글이 조선에 관한 모든 방면의 지식의 정화精華를 조직적으로 서술했기 때문에 청년 학생들에게 조선을 역사적으로 현실적으로 이해시키는 데 도움이 된다. 조선민족이 이렇게 비참한 지경에 이른 것은 생기가 미약하였기 때문이다. 조선민족의 갱생 및 흥륭興隆은 외적 세계의 변혁에 대한 능동적 분투와 창조적 활동이 부족하기 때문이다. 청년들에게 조선 생명의 발동의 큰길을 열어주는 일에 이바지할 수 있다. 20세기의 초두에 조선민족의 수난기에 살고 있는 한 사람으로서 민족 갱생의 근본적인 길을 제시하는 길밖에 딴 도리가 없다. 이 변변하지 못한 글은, 나의 일본에의 십 년 유학의 학창 생활의 선물로 지은 것이다.

그는 교토대학 대학원에서 공부를 끝냈으나 "아무 소득 없음이 예기豫期에 얼척없이 몗이 스스로 한막恨嘆스러웠던" 터에 한 해를 더 머물고자 하였다 한다. 이어 그는 "우연한 기회에 어떠한 생각이 머릿속에 떠오름을 느낀 것이, 곧 이 논문의 시작이 되었다"고 토로했다.

이를 통해 당시 그가 어떠한 생각을 가지고 있었는지 조금이나마 가늠할 수 있다. 그는 『조선민족 갱생의 도』가 조선에 나서 조선을 사랑하며 조선을 위하여 일해보겠다고 생각하는 청년, 학생들이 먼저 조선 자체를 역사적으로, 또는 현실적으로 이해하는 데에 반드시 도움이 될 것이라고 했다. 나라를 사랑하는 식민지 시대의 한 사람이 일본에 의하여 강탈당한 그 나라를 위하여 무엇인가 일하고 싶은 이들과 함께 생각해야 할 것을 적어보고자 한 것이다.

『조선민족 갱생의 도』는 모두 네 단락으로 이루어져 있다. 첫째 단락에서 쇠약한 민족의 질병을 진단하고, 둘째 단락에서 그 원인을 밝히고 있다. 셋째 단락에서는 갱생의 원리를, 넷째 단락에서는 갱생을 위한 노력할 항목과 방식을 적고 있다.

최현배는 당시 조선의 실상을 질병에 시달리는 환자로 파악했다. 이 병을 철저히 치료하기 위해서는 증세를 보고 질병을 속단하기보다는 그 근본 원인을 정확히 밝히는 진단을 먼저 해야 한다는 것이다. 민족의 갱생을 위해서는 무엇보다 현재의 쇠퇴한 상태와 그 원인을 정시正視 정찰精察한 연후에라야 그 진정한 갱생의 방도를 구득求得할 수 있다며 의자醫者가 병자病者를 치료함에는 먼저 그 병증病症을 정진正診 명단明斷하여야 하는 것과 같다고 했다. 조선민족 사회가 어떤 문제를 안고 있는지를 근원적으로 파악하지 않고는 모든 일과 노력이 헛되게 수포에 돌아감을 면하지 못할 것이라 했다.

그의 주장은 현상을 정확히 알아야 하고 그 진상의 핵심과 근본을 꿰뚫어야 한다는 것이다. 그러면서 자본주의라 하든 사회주의라 하든 그 어떤 외적 사회 형태나 조직을 강조하는 것은 모두 본질적 실재에 들어가지 않고 외면적 현상에 머무르는 것이라고 비판했다. 마치 의사가 질병의 원인을 파악하지 않고 겉으로 나타난 증상만 보고서는 환자의 병을 전연 치유할 수 없는 것과 같이, 민족이 앓고 있는 질병의 실상을 그

> 아모리생각해도
> 나는 조선사람이다
> 世界가 넓건마는
> 조선만이 내땅이다
> 三千里 江山 우에
> 곳곳마다 피땀흔적
> 四千年 歷史속에
> 일일마다 사랑자곡
> 잇고잇고 다시잇어
> 二千萬 二億萬을
> 키어키어 살아보세

「조선민족 갱생의 도」 연재 결언 시
(『동아일보』 1926년 12월 26일자)

밑뿌리로부터 확실하게 바로 알지 않고 그 가지와 잎을 보고 결론을 내리고서는 결코 이 질병으로부터 건져낼 수 없다고 생각했다.

그는 『조선민족 갱생의 도』를 통해 단순한 관념적 수준의 이상론이나 도덕주의에서 출발하여 다시 그 자리로 회귀하는 것을 거부하고, 역사적 현실에 대한 구체적인 근거와 분석으로 민족에 대한 자신의 간절한 생각과 열정을 정당화하고자 했다. 그는 1926년 12월 26일 연재를 마치면서 "길고 긴 잔소리를 끝까지 읽어주신 여러분께 더구나 많은 공명共鳴과 고교高敎를 주신 여러분께 고맙게 여기는 뜻을 드리오며 아울러 더욱, 우리 겨레의 살아날 길을 찾기에 힘써 주시기를 바라나이다(1926년 12월 16일 야夜 행촌재杏村齋에서)."라고 매듭지으면서 다음과 같은 시를 남겼다.

아모리 생각해도

나는 조선 사람이다

세계가 넓건마는

조선만이 내 땅이다

삼천리 강산 우에

곳곳마다 피땀 흔적

사천년 역사 속이
일일마다 사랑 자곡
이 강산 이 역사를
잇고 잇고 다시 잇어
이천만 이억만이
엉키엉키 살아보세

그의 『조선민족 갱생의 도』는 대단한 반향을 일으켰고, 그의 이름을 세상에 알리는 계기가 되었다. 조선인이 식민지 질곡을 벗어날 수 있는 길은 정치적 독립 외에는 없지만, 현실적으로 불가능한 정치적 독립을 준비하기 위해서는 조선민족이 갖고 있는 병폐를 뜯어고치지 않으면 안 된다는 생각에서였다. 그와 관련하여 다음 글에서 그의 심정을 읽을 수 있다.

조선에 나서 조선을 사랑하며 조선을 위하야 일 해보겠다고 생각하는 청년 학생들이 먼저 조선 자체를 역사적으로 또는 현실적으로 이해하는 데에 반드시 일조가 될 것이며, 우리 조선민족이 이렇게 비참하게도 쇠잔衰殘에 빠진 것은 결코 단순한 자본주의란 외적 사회조직 때문만도 아니요, 다른 민족이 왕성함도 결코 사회주의란 외적 사회조직에 기인함도 아니다. 사회조직이야 여하히 변화된다 하더라도 민족의 성쇠盛衰 부침이 있음을 면치 못할 것이다. 나의 신념에 의하면 사회조직의 여하를 물론하고 생기의 왕성한 민족은 흥할 것이요, 생기의 나약懦弱한 민족은 망할 것이다. 외적 세계의 변혁에 대한 능동적 분투, 창조적 활동에 달렸다. 조선 생명의 발동發動의 대정도大正道는 여기에 있는 것이다. 이것이 나의 소신이다.

조선어연구회 활동과 『한글』 창간

최현배는 연희전문에 몸담은 1926년부터 조선어연구회 회원으로 본격적인 활동을 시작했다. 그 무렵 조선어연구회는 설립된 지 4년이 지났지만 별다른 성과를 내지 못하고 있었다. 이러던 차에 독일 유학을 마친 이극로, 교토대학을 졸업한 최현배, 릿쿄대학을 졸업한 김윤경 등이 입회하면서 활기를 띠었다.

1926년 11월 조선어연구회는 훈민정음 창제의 뜻을 기리기 위해 『세종실록』의 "세종 28년 9월에 훈민정음이 이루어지다"는 기록에 따라 음력 9월 29일을 훈민정음 반포의 날로 삼고, 훈민정음 반포 8회갑(480돌)을 맞아 이날을 '가갸날'로 했다. 가갸날 첫 기념식은 식도원이라는 음식점에서 열렸는데, 이때 400여 명이 모여 성황을 이루었다. 11월 9일에는 가갸날 기념 강연회가 중앙기독교회관에서 열렸는데, 이때 최현배는 가로풀어쓰기에 대한 소견을 발표해 청중에게 큰 감동을 선사했다.

'가갸날' 첫 기념식 장면(『동아일보』 1926년 11월 6일자)

강연 내용의 요지는 『조선일보』 1926년 11월 18일자와 11월 19일자, 『신민』 1926년 12월호에 실렸다. 그가 히로시마고등사범학교 재학 중에 연구를 시작해 교토대학에 다닐 때에도 꾸준히 갈고 다듬었던 가로쓰기에 대해 이날 발표한 것이다.

'가갸날'은 이후 1928년 10월에 '한글날'로 개칭되었고, 1931년 10월에는 음력 9월 29일에서 양력 10월 29일로 날짜가 변경되었다. 해방 직후인 1945년 10월에는 1940년에 발견된 『훈민정음』 원본의 '정통 11년 9월 상한'이라는 기록에 따라 이를 환산한 10월 9일로 확정되었다.

최현배는 권덕규, 이병기, 정열모, 신명균 등과 더불어 잡지 창간하는 데에도 힘을 쏟아, 1927년 2월, 한글을 연구하는 학술잡지의 동인제同人制로서 『한글』을 창간하였다. 『한글』의 편집 겸 발행인은 신명균이었고, 규격은 A5판 66면, 정가는 20전이었다. 국한문 혼용으로 세로쓰기로 간행되었다. 창간사에 "조선말이란 광야曠野의 황무荒蕪를 개척하며 조선글이란 보기寶器(보배로운 그릇)의 묵은 녹을 벗기며 조선 문학의 정로正路가 되며 조선 문화의 원동력이 되어 조선이란 큰 집안의 터전을 닦으며 주초를 놓기 위하여 펴낸다"는 목적을 밝혔다.

최현배는 이 창간호에 「우리 한글의 세계문자상世界文字上 지위地位」라는 제목의 글을 실었다. 이 글에서 그는 "세계

조선어문잡지『한글』창간호(1927. 2)

16, 17억이나 되는 사람의 과거 부지기수의 조선祖鮮이 4, 50만 년이란 장구長久한 세월을 비費하여 그 지혜 주머니를 짜내어서 만들어낸 글자가 얼마나 되는고 하면 250여 종이라 한다. 250여 종의 인간생활의 영귀靈貴한 산물! 문자 가운데에 우리 한글[정음], 언문諺文, 본문本文은 어떠한 지위를 가지고 있는가? 이것이 우리가 한 번 생각해보며 알아볼 만한 흥미 있는 문제일 것"이라고 했다. 하지만 『한글』은 1928년 10월 통권 9호로 종간되고 말았다. 그로부터 4년 뒤 1932년 5월 조선어학회의 기관지이자 학술잡지 성격의 『한글』이 재창간되었다.

최현배는 조선어연구회에서 활동하는가 하면 1926년부터는 비밀결사 흥업구락부에도 가입하여 활동했다. 흥업구락부는 1925년 3월에 조직되었는데, 조선기독교청년회전국연합회YMCA 총무 신흥우申興雨가 미국에서 이승만을 만나 동지회同志會의 자매단체를 국내에 결성하기로 합의

하면서 비롯되었다. 동지회는 1921년 7월 미국 하와이에서 이승만, 민찬호, 안형경, 이종관 등이 조직한 단체이다. 신흥우는 귀국 후 이상재李商在, 윤치호尹致昊, 유억겸, 안재홍安在鴻 등과 논의해 흥업구락부를 조직했다. 이들은 주로 YMCA와 인연을 맺은 서울과 경기도 출신의 기독교인들과 서구식 교육을 받은 지식인 및 자산가 계층이었다.

흥업구락부는 동지회에 자금을 지원하는 한편, 기독교 기반의 계몽운동과 실력양성운동을 목표로 정했다. 또 흥업구락부는 당시 이광수가 조직한 흥사단 계열의 수양동맹회修養同盟會가 천도교 신파의 최린 계열과 함께 타협적인 자치운동으로 흐르는 데 대항하려는 목적도 있었다. 3·1운동에 직접 참여하지 못해 국내 기반이 취약했던 이승만에게 흥업구락부의 결성은 국내 지지기반을 확보할 수 있는 중요한 계기가 됐다.

흥업구락부 회원들은 1927년 2월 좌우합작의 독립운동단체인 신간회가 창립될 때 기독교계 대표로 대거 참여했다. 하지만 흥업구락부는 1931년 산업부 설치 문제로 내분에 휩싸였다. 지도자 역할을 해온 신흥우가 산업부를 만들어 국내 산업 및 무역진흥에 힘쓰려 했으나, 윤치호 등의 자산가들은 이에 소극적이었다. 회의를 느낀 신흥우는 흥업구락부 해체론을 제기하는 한편, '적극신앙단'이라는 새로운 조직을 만들어 순수 기독교인 중심의 사회운동을 추구했다. 이후 흥업구락부는 실업인 친목단체 수준으로 명맥만 유지한 채, 일부 회원들의 활동이 자치운동으로 기울면서 개량화됐다는 비판을 받는 등 유명무실해졌다.

그러나 일제는 1937년 7월 중일전쟁을 일으킨 후 강압적인 사회 분위기 조성을 위해 1938년 '흥업구락부사건'을 일으키고 관계자들을 대대적으로 검거했다. 더 이상 흥업구락부는 위협적인 단체가 아니었는데 도 불구하고 일제는 대륙침략 전쟁 중에 사회불안 요소를 안전히 제거하고자 사건을 부풀렸다. 또 일제는 조선의 기독교 지식인 세력이 기독교 국가인 미국과 밀접한 관련을 맺고 있었던 만큼, 미국과의 전쟁에 대비한다는 포석도 깔고 있었다. 이 사건으로 흥업구락부는 해체됐으며, 핵심인물이던 신흥우을 비롯하여 유억겸, 정춘수鄭春洙 등은 전향해 일제에 적극적으로 협력했다. 당시 이 사건으로 최현배는 연희전문 교수직에서 물러나야만 했다.

맞춤법 개정에 참여

1910년 8월 조선을 강점한 뒤 조선어 맞춤법을 정비할 필요성을 느낀 조선총독부는 1912년 4월 「보통학교용 언어철자법」을 제정했다. 비록 일제에 의한 것이지만 처음으로 맞춤법이 마련되었다. 당시 받침 표기는 한 글자 받침 'ㄱ, ㄴ, ㄹ, ㅁ, ㅂ, ㅅ, ㅇ'과 두 글자 받침 'ㄺ, ㄻ, ㄼ' 열 가지만 인정했다. 몇 가지 예를 오늘날 표기법과 비교하면 51쪽 표와 같다.

이는 표음주의 표기법으로, 1909년 12월 국문연구소의 주시경, 어윤적, 이능화 등이 작성한 「국문연구의정안」과 배치되는 것이었다. 「의정안」에 따르면, 종성의 'ㄷ, ㅅ' 2자의 용법 및 'ㅈ, ㅊ, ㅋ, ㅌ, ㅍ, ㅎ' 등 6자의 종성 통용 여부를 논의하여, 'ㄷ, ㅈ, ㅊ, ㅋ, ㅌ, ㅍ, ㅎ' 등 7자를 모두 종성에 사용토록 한다는 것이었다. 즉 「의정안」은 표음주의보다는 음절 말 받침의 형태주의를 추구한 것이었다.

표음주의 방식에 따른 「보통학교용 언어철자법」이 제정된 것은 일본인 학자들이 이를 주도했기 때문이다. 이 작업에는 구니아키國分象太郎, 신조信庄順貞, 시오카와鹽川一太郎, 다카하시高橋亨 등의 일본인 학자들과 현은, 유길준, 강화석, 어윤적 등의 국내학자들이 참여했다. 그들은 1911년 7월부터 11월까지 모두 5회에 걸쳐 심의, 결정했는데, 당시 원칙은 다음과 같았다.

1912년 철자법	현행 맞춤법
먹엇소	먹었소
붉은빗	붉은 빛
엇고 — 어덧다	얻고 — 얻었다
젓고 — 저젓다	젖고 — 젖었다
바닷다	받았다
갓흔	같은
놉흔	높은
갑슬	값을
밧글	밖을
빗츨	빛을
놉히	높이

① 경성어를 표준으로 한다.
② 표기법은 표음주의에 의하고 발음이 원遠한 역사적 철자법 등은 이를 피한다.
③ 한자음으로 된 말을 언문으로 표기하는 경우에는 특히 종래의 철자법을 채용한다.

그 뒤 1921년 3월 조선총독부는 이를 부분 수정하여 「보통학교용 언문철자법대요」라는 맞춤법 개정안을 발표했다. 하지만 규정문의 일부만 수정하고 용례를 추가 제시했을 뿐 실질적인 내용의 개정은 없었다.
당시 조선어연구회를 중심으로 한글연구가 활발해지고, 실제 보통학

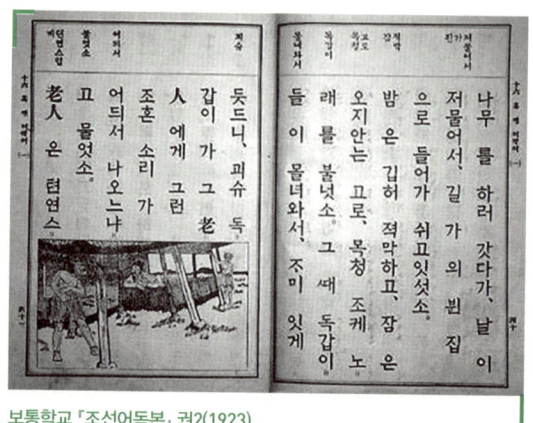

보통학교 『조선어독본』 권2(1923)

교 교육과정에서 많은 문제점이 드러나자 철자법 개정의 필요성이 제기되었다. 이에 조선총독부는 학생들의 학습능률을 증진시키고 시대적 요청에 부응하고자 한다며 맞춤법 개정을 위해 '조선어독본 철자법개정 소위원회'를 구성했다. 이에 따라 1928년 9월 조선총독부는 보통학교 『조선어독본』 개정에 나섰다. 학무국 시학관 현헌과 편집관 다지마 야스히데田島泰秀, 이원규 등이 초안을 만들고, 경성사범학교 교사 심의린, 제이고보 교사 박영빈, 수송보통학교 훈도 박승두, 진명여고보 교사 이세정 등이 의견을 수렴한다는 원칙을 세웠다. 하지만 맞춤법을 어떻게 정할지를 확정하지 못해 초안을 작성하는 데 어려움을 겪었다. 다만 소위원회는 '종성복용終聲復用'은 활자가 4천 자 이상 필요하여 재정과 시간이 문제라 난감하다며 종래 한자음을 취하는 것을 버리고 '관용편음慣用便音'으로 개량한다는 원칙만을 세웠다.

그해 10월 초부터 소위원회가 열렸는데 대부분의 한글학자들은 '만타'를 '많다'로 쓰자는 '초성복용종성'을 주장한 반면, 그것은 가로쓰기에나 가능하다며 여전히 표음주의를 주장하는 사람들도 있어 의견 일치를 보지 못했다. 결국 조선총독부 학무국은 예산이 부족하다는 이유를 들어 교과서 개정을 다음 해로 넘겼다. 한글철자법이 개정되지 않은 상황에서 교과서를 개정할 수 없는 노릇이었기 때문이다.

이렇듯 한글맞춤법을 두고 각계의 의견이 달라 통일을 기하기 어렵게 되자 동아일보사가 나섰다. 『동아일보』에 1928년 11월 3일부터 24일까지 19회에 걸쳐 「한글 정리에 대한 제가諸家의 의견」이라는 물음과 그에 대한 답변이 실렸다. 그 설문 내용은 다음과 같다.

1. 한글 정리에 관한 귀하의 의견 여하
    (1) 현재 사용법을 존속할까(그 이유)
    (2) 개정이 필요하다면 그 원칙(및 이유)
2. 좌기 제문제諸文題에 대한 귀하의 의견
    (1) 병서의 가부(ㄲㄳㄸㅃ)(이유)
    (2) 표음의 가부(및 이유)
        가. '小說'을 '소설'로
        나. '基柴'를 '기시'로
        다. '思' '四'를 '사'로
        라. '天地'를 '천지'로
        마. '桃李' '도리', '李某' '이모', '羅紬' '나주', '全羅' '전라'
        바. '十月'을 '시월', '六月'을 '유월', '載寧' '재령', '會寧' '회령'

사. 첫니를 웃니, 이여름 새이(→ '첫녀름' '웃니', '이여름' '새이')

(3) 초성 전부를 종성으로 사용할 여부(및 이유)

만일 사용치 아니할 때에는 畫 '낮에'냐 '나제'냐, 前 '압히'냐 '아피'냐, 花 '욧이'냐 '꼬치'냐 '옷치'냐, 受 '받드니' '밧으니' 好 '조타' '좃타'

이에 대해 최현배를 비롯한 박승빈, 이윤재, 신명균, 이병기, 이상춘, 김윤경 등이 답했다. 최현배는 각 조항에 대해 다음과 같이 답했다.

1. 현재의 사용법을 개정할 필요가 있다고 생각합니다. 그 개정의 원칙으로는

   (a) 음리音理에 맞도록
   (b) 어법에 맞도록
   (c) 학습과 실용에 편리하도록
   (d) 언어 자체의 발달에 유리하도록

2. 제문題問에 대한 사견

   (1) 병서를 해야 합니다. 그 이유는

   ① 훈민정음에 이미 명확히 초성을 합용하려면 병서하라고 일러놓고서 그 기술의 실지에서도 'ㄲ, ㄸ, ㅃ ㅉ'를 사용하였다.

   ② 훈민정음과 기타 동시대 동 종류의 책에 'ㅅㄱ, ㅅㄷ, ㅅㅂ, ㅅㅅ'도 쓰기는 하였지만 이 따위는 다 그 'ㅅ'의 소리가 나던 것이니 ㄲ, ㄸ, ㅃ, ㅉ들과는 그 음가가 서로 같지 아니하였다.

   ③ 그런데 오늘의 일반으로 관용하는 'ㅅㄱ, ㅅㄷ, ㅅㅂ, ㅅㅅ'은 결코 'ㅅ' 소

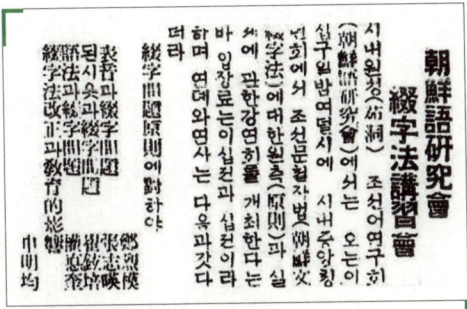
조선어연구회 철자법강습회 신문기사
(『동아일보』 1929년 7월 28일자)

리가 나지 아니하고 각기 단음(ㄱ, ㄷ, ㅂ, ㅈ)을 단단하게 낼 따름 인즉 이를 합용, 즉 병서하는 것이 가장 합리적일 것이다.

④ 어떤 이는 된시옷은 그저 소리를 단단하게 내는 표[硬音標]라 하여 이를 기어코 고집하려는 이가 있는 모양이다. 원래 어느 문자가 표 아닌 것이 없으니 표이기 때문에 조금도 변개해서는 안 된다는 이유는 조금도 없다. 우리는 원래 성음聲音의 표인 우리글을 될 수 있는 대로 더욱 합리적으로 더욱 편리하게 개선하자 함에 지나지 아니한 것이다. 외가닥 줄보다 두 가닥 줄이 더 단단하게 보이며 더 질기게 보이는 것은 상리의 당연한 것이다. 우리는 'ㄱ, ㄷ, ㅂ, ㅈ'의 단단한 소리의 표로 글자를 나란히 쓰는 것[竝書]이 아주 초학자初學者에게 많은 쉬움을 줄 것이라고 믿는다.

⑤ 이교理敎로도 그러하거니와 글자의 외관에도 된시옷보다 병서가 낫다. 된시옷에만 익은 사람이 제눈에 서투르다고 해서 이를 나쁘다 하는 것은 너무도 자기 – 더구나 고루한 선입견에 눈 어두운

조선어철자법위원회 회의 장면(조선총독부 제1회의실 회의장, 『동아일보』1929년 5월 31일자)

자기를 표준으로 삼고자 하는 수작이다.

이에 답한 대부분의 한글학자들은 문자를 합리화하고 발음을 표음화하여 학습상 시간과 노력을 적게 들게 하고 실용을 편의케 하자는 원칙에 다들 동의했다. 하지만 종성을 어떻게 표기할 것인지를 두고는 의견을 달리했다.

조선어독본 철자법개정 소위원회는 해를 넘겨 1929년 1월에 마지막 회의를 열어서 '표음'으로 할 것인지 아니면 한자음에 의한 '관념음'을 사용할 것인지에 대해 토의한 결과 '표음'으로 결정했다. 즉 '博覽會'를 '박남회'로 쓰자는 것이었다. 다만 종성 문제, 받침의 병서 여부는 대위원회에 넘기기로 했다.

1929년 7월 조선어연구회는 철자법에 대한 원칙과 실세에 대한 강연

장지영

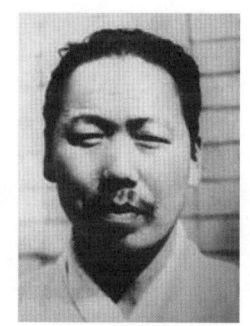
권덕규

정열모

회를 개최했다. 이 자리에서 최현배는 당시 첨예한 문제 중에 하나였던 '된시옷과 철자문제'라는 주제로 강연을 했다. 정열모는 '철자문제 원칙에 대하여', 장지영은 '표음과 철자문제', 권덕규는 '어법과 철자문제', 신명균은 '철자법 개정과 교육적 영향'이라는 주제로 각각 강연을 했다. 이들은 모두 주시경의 제자들이었다. 조선어연구회에서 강연회를 개최한 것은

신명균

당시 조선총독부가 진행하던 맞춤법 개정과 관련하여 자신들의 의견을 제시하려는 의도도 있었다.

이후 조선총독부는 대위원회를 구성하기 위한 15명 이내의 위원 전형에 들어가 1929년 5월 30일에 제1회 조선어철자법위원회 회의가 개최되었다. 조선총독부 학무국 담당관 외에 새롭게 선정된 14명이 참석했다. 이 위원회에는 최현배를 비롯하여 장지영, 권덕규, 정열모, 신명균 등이 포함되었다.

장지영의 『조선어철자법 강좌』
(1930)

조선어철자법위원회에서는 1929년 7월까지 원안 심의에 손을 대기 시작하여 1930년 2월 「언문철자법 개정안」을 공포했다. 개정 작업에 착수한 지 1년 반만의 일이었다. 골자는 용어는 현재 경성어를 표준으로 하며, 언문철자법은 순수한 조선어이거나 한자음임을 불문하고 발음대로 표기함을 원칙으로 하지만 필요에 의하여 약간의 예외를 둔다고 했다. 'ㅅ'과 관련해서는 두 말이 합하여 복합어를 형성하고 그 사이에 촉음현상이 일어나는 경우를 두 가지로 나누었다. 첫째는 상어上語가 중성으로 종할 때는 상어의 종성으로 'ㅅ'을 부치는데, '동짓달冬至月, 담뱃대煙管, 못자리畓垈' 등과 같은 경우이다. 둘째는 상어가 종성으로 종할 때 다른 말과 혼동하기 쉬운 경우에 한하여 중간에 'ㅅ'을 쓰는데, '장ㅅ군, 문ㅅ자' 등과 같은 경우이다. 분철 표기의 확대로 받침의 수가 종래의 10개에 'ㄷ, ㅌ, ㅈ, ㅊ, ㅍ, ㄲ, ㄳ, ㄵ, ㄾ, ㅀ, ㅄ' 등 11개를 더하여 21개로 하고, 된소리의 표기는 'ㅺ, ㅼ, ㅆ, ㅾ' 등의 된시옷을 버리고 'ㄲ, ㄸ, ㅃ, ㅆ, ㅉ' 등과 같은 각자병서各自並書로 하며, 한자음의 표기도 국어와 마찬가지로 현실발음에 따르도록 했다. 그리고 어간과 어미, 체언과 토는 구분하여 적도록 했다.

이 맞춤법은 1930년부터 순차적으로 교과서에 채택되었다. 또한 최현배를 비롯한 조선어학회의 인사들이 참여한 만큼 「한글맞춤법통일안」에도 어느 정도 영향을 미쳤다. 장지영의 『조선어 철자법 강좌』 (1930)가 나온 것도 이때이다. 하지만 당시 맞춤법 연구는 개별적으로 이루어졌을 뿐 조선어학회 차원의 공식적인 것은 아니었다.

한글맞춤법통일안 작업

조선어연구회는 1929년 10월 31일 수표교 근처의 조선교육협회 회관에서 네 번째 한글 기념식을 개최했다. 이때 전국에서 모인 대표자 108명의 발기로 '조선어사전편찬회'가 조직되었다. 그런데 사전편찬은 1910년부터 계획된 일이었다. 당시 최남선이 고전 보전을 위해 설립한 조선광문회에서 주시경의 주도하에 1911년부터 김두봉, 이규영, 권덕규 등이 중심이 되어 '말모이' 편찬에 착수했다. 하지만 주시경의 갑작스러운 죽음과 김두봉의 망명 등으로 열매를 맺지 못했다. 그 뒤 10여 년이 지나 최남선, 정인보, 변영로, 이윤재 등의 주도하에 계명구락부에서 다시 이를 추진했으나 이마저도 1년 만에 중단되고 말았다. 그로부터 7년여가 지나 일본어를 국어라 강요받던 시기에 우리말이 말살될지도 모른다는 위기의식에서 조선어사전편찬회가 조직되어 다시금 이를 추진하게 된 것이었다. 조선어사전편찬회의 설립 취지는 다음과 같다.

「조선어문 공로자 소개(2)」
(『동아일보』 1930년 9월 3일자)

인류의 행복은 문화의 향상을 따라 증진되는 것이요, 문화의 발전은 언어 및 문자의 합리적 정리와 통일을 말미암아 촉성되는 것이다. 그러므로 어문의 정리와 통일은 제반 문화의 기초를 이루며 또 인류 행복의 원천이 되는 것이다. … 민족적으로 권위 있는 사전을 편찬하기로 기약하는 바인

즉 모름지기 강호의 동지들은 민족적 백년대계에 협조 있기를 바라는 바이다.

— 『한글학회 50년사』, 1971, 263~264쪽

조선어연구회는 사전편찬준비위원 32명을 뽑았다. 최현배는 사전편찬의 발기인뿐만 아니라 준비위원으로 선정되어 사전편찬사업에 주도적인 역할을 담당했다. 그 외의 준비위원은 김법린, 김윤경, 방정환, 안재홍, 유억겸, 이광수, 이극로, 이병기, 이희승, 정인보, 조만식, 주요한, 최두선, 백낙준 등이었다. 사전편찬을 위한 기초 작업으로 표기법의 통일, 곧 맞춤법통일과 표준말의 결정, 외래어 표기 통일 등이 선행되어야 했다.

이즈음 최현배는 사전편찬뿐 아니라 여전히 우리글에 대한 연구와 교육을 계속했다. 1930년 3월 8일에 열린 조선어연구회 월례발표회에서는 '조선어 품사분류론'에 대해 강연했다. 1930년 4월 1일에는 조선민족의 생명인 조선말의 존중과 연구, 교육운동의 공로를 인정받아 동아일보사로부터 치사상을 수상했다.

그해 4월 5일에는 『조선민족 갱생의 도』를 출판했으며, 7월 31일부터 8월 9일까지는 중앙기독교청년회관에서 열린 하기한글강습회에서 '문법'을 강연했다. 또 1930년 9월에 동아일보가 뽑은 조선어문 공로자로 조선어연구회, 김두봉, 이상춘, 김희상, 권덕규, 이규방 등과 함께 선정되기도 했다. 일찍부터 한글연구에 뜻을 두어 조예가 깊고, 학생들에게 한글을 보급했다는 점, 조선어연구회 간사로서 한글을 널리 세계에 소개했다는 점, 『우리말본』을 1929년에 출판해 사계에 큰 공헌을 했다는 점 등을 인정받은 것이었다. 12월에는 연희전문학교 문과의 교수들이 창간한 연구집 『조선어문연구』에 「조선어 품사분류론」을 게재했다. 이 글에서 그는 주시경의 분류를 크게 수정하여 우리말 품사를 이름씨(명사), 대이름씨(대명사), 셈씨(수사), 토씨(조사), 움직씨(동사), 어떻씨(형용사), 어떤씨(관형사), 어찌씨(부사), 느낌씨(감탄사) 등으로 새롭게 분류했다.

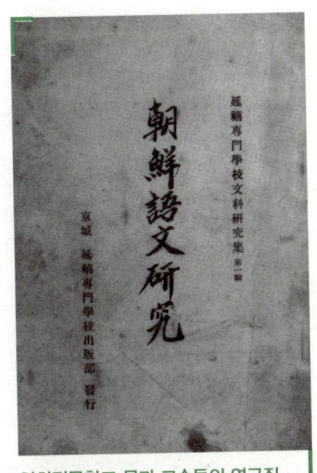

연희전문학교 문과 교수들의 연구집 『조선어문연구』 창간호(1930)

한편 조선어사전편찬위원회는 조직된 지 1년여가 지난 1930년 12월 13일, 조선어연구회 총회에서 맞춤법통일안을 먼저 추진하기로 했다. 순리적으로 보면 '표준말사정'이 맞춤법통일보다 우선되어야 했지만, 조선총독부의 철자법에 대한 거부감과 그것이 지니고 있는 불합리한 점을 바로잡으려는 생각 때문에 순서를 바꾼 것이었다. 이는 최현배를 비롯한 주시경 제자들의 과업 가운데 하나이기도 했다. 이에 최현배 외에도 권덕규, 김윤경, 박현식, 신명균, 이극로, 이병기, 이윤재, 이희승, 장지영, 정열모, 정인섭 등 12명이 맞춤법통일안 위원으로 선정되었다. 이들은 1927년 『한글』 창간을 계기로 학회 단위의 맞춤법을 제정하여 언문철자법개정뿐만 아니라 한글맞춤법통일에까지 관여하게 된 것이었다.

주시경이 쓴 '한' 자와 '글' 자를 합친 제목의 『한글』(제6권 제10호·11호, 1938)

조선어연구회는 맞춤법통일안을 추진하기에 앞서 1931년 1월에 '조선어학회'로 이름을 고쳤다. 이는 당시 일본인이 운영하던 조선어연구소와 명칭을 혼동되게 하여 독립에 관한 모의가 누설될 것을 막기 위한 것이 아니냐는 일제의 압박에 의한 것이었다. 그해 10월 조선어학회는 한글날을 음력 9월 29일에서 양력 10월 29일로 변경했으며, 1932년 5월에는 기관지 『한글』을 속간했다. 『한글』 속간은 신명균이 주선했으며, 중앙인서관印書館 주인 이중건李重乾이 희생적으로 도왔다. 표제 '한글'은 매헌梅軒 한충韓冲이 썼으며, 제호와 본문은 최현배가 주장하던 대로 가로쓰기를 적용했는데 당시로는 파격적이었다. 납활자로 인쇄된 50쪽 분량의 이 잡지에는 주로 연구논문이 실렸다. 『한글』은 일제강점기에 간행된 잡지 중에서 '큰일을 많이 한 잡지', '민족을 지킨 잡지'로 평가받

제1회 조선어강습회 관련 신문기사
(『동아일보』 1931년 7월 30일자)

고 있다. 최현배는 창간호에 「조선어법의 초보」라는 글을 실었다.

조선어학회 회장 이윤재는 『한글』의 재창간 이유를 「한글을 처음 내면서」라는 글에 밝혔다. 그는 4년 전 발간됐다가 발행이 중단된, 주시경의 가르침을 받은 조선어강습소 출신들이 주축이 된 동인제 잡지 『한글』을 계승했다는 점을 밝히면서 한글의 정리와 통일이라는 당면 목표를 제시했다. 창간사는 다음과 같이 한글로만 쓰였고 띄어쓰기도 현행과 거의 같았다.

우리 조선민족에게는 좋은 말, 좋은 글이 잇다. 더욱이 우리 글―한글은 소리가 갖고, 모양이 곱고, 배우기 쉽고, 쓰기 편한 훌륭한 글이다. 우리는 여태까지 도리어 이것을 푸대접하고 짇밟아 버렷으므로, 매우 좋앗어야 할 한글이 지금에 이대도록 지저분하여, 아주 볼모양 없이 된 것이다. 한 사십여 년 전에 우리 한힌샘 스승이 바른 길을 열어 주므로부터, 그 뒤를 따르는 이가 적지 않앗고, 또 이를 위하여 꾸준히 일하려는 이가 많이 일어나기에 이른 것은, 우리 한글의 앞 길을 위하여 크게 기뻐하는 바이다.

처음 『한글』의 발행소는 이윤재의 집으로 되어 있는데, 1936년 4월호까지는 그가 대부분의 비용을 부담했기 때문이었다. 발간 비용은 이윤재가 집필해 한성도서주식회사에서 출판한 『문예독본』의 원고료로 충당했다. 1936년 5월호부터는 조선어학회가 출판 사무를 맡아 『한글』을 펴내면서 다시 가로쓰기로 바꾸어 제작됐으며, 주시경이 쓴 '한'과 '글'을 합쳐 만든 제목을 썼다. 1937년 6월 이윤재가 '수양동우회사건'에 연루되어 옥살이를 하면서 정인승이 『한글』 간행을 맡아 진행했다. 하지만 1942년 5월 1일 통권 93호를 내고, 그해 10월 1일 많은 회원들이 '조선어학회사건'에 연루되어 피체되면서 간행이 중단되고 말았다. 『한글』은 해방 후 1946년 4월에 속간해 오늘에 이르고 있다.

최현배 등 12명의 맞춤법통일안 위원들은 곧바로 초안 작성에 착수해 1931년 7월 9일까지 61개 항목의 초고를 작성했다. 이를 다시 검토, 수정 보완하여 1932년 12월 착수한 지 만 2년 만에 91개 항목의 원안을 마련했다. 이는 69번의 회의를 통해 211시간 동안 열띤 토론을 벌인 결과였다.

이와 함께 조선어학회는 동아일보사와 함께 하기강습회를 열었다. 동아일보사가 한글을 보급할 목적에서 추진 중인 브나로드 v narod 운동의 일

환이었다. 브나로드는 '민중 속으로'를 뜻하는 러시아어인데, 러시아에서 낙후성을 극복하고 이상사회를 건설하기 위해 부패하고 억압된 차르^{Tsar} 절대왕정을 무너뜨리고 자본주의 체제에 물들지 않은 순박한 농민들을 깨우쳐야 한다며 젊은 지식인층이 중심이 되어 전개한 농민계몽운동이다. 러시아의 브나로드운동은 1930년대 우리나라에 영향을 주면서 신학문을 배운 학생들을 통해 농촌계몽운동이 퍼져나갔다. 이후『조선일보』와『동아일보』가 이를 주도해나갔다. 이는 일제를 이기는 길은 무지몽매한 농민을 일깨워야 하며, 위생문제 해결과 문맹타파를 위해 한글을 보급시키고 애국애족사상을 고취시켜야 한다는 범국민운동으로 전개되었다. 브나로드운동을 이끌던『동아일보』와 조선어학회는 문맹을 타파하는 것도 중요하지만 한글을 바로 쓰는 것 또한 중요하다는데 인식을 같이하여 '바른 철자법으로 통일하자!'는 목적에서 강습회를 열었다. 이때 강사로는 최현배, 신명균, 권덕규, 이상춘, 이윤재, 김윤경, 이병기, 이극로 김선기 등이 참여했다. 이들은 지역별로 나누어 강의를 맡았는데, 최현배는 원산을 담당했다.

「한글맞춤법통일안」에 대한 논쟁

조선어학회가 한글맞춤법통일안 작업을 본격화하자, 이를 마뜩찮게 여기던 박승빈은 보성전문학교 재임 당시 강의했던 '조선어학'을 정리하여 1931년 10월 국어문법서 『조선어학강의요지』(조선어연구회 발행)를 간행했다. 박승빈은 구한말 법관양성소 출신으로 보성전문학교 법과 교수, 교장 등을 역임하고 '조선어학연구회'를 주도한 인물이다. 그는 1935년에 『조선어학강의요지』를 보완, 증보하여 『조선어학』을 출판했다. 『조선어학강의요지』는 당시까지도 명확히 구분 짓지 못하고 있던 한글의 음성과 음운의 개념을 규정했다는 데 가치가 있지만, 한글 문법체계보다도 외국 문법체계에 따른 자신만의 독창적 이론을 많이 펴는 바람에 오히려 혼란을 일으키기도 했다.

조선어학연구회는 1931년 12월 10일 인사동의 계명구락부회관에서 출범한 단체로, 1926년 가을에 창립한 정음회의 후신격이다. 이날 간사

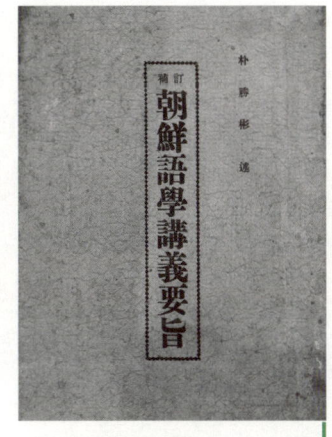

박승빈　　　　　　　　『조선어학강의요지』(1931)

장에 이긍종李肯鍾, 간사에 백남규白南奎, 신남철申南澈, 문시혁文時爀, 정규창鄭圭昶 등을 선출하고, 매월 두 차례 월례회를 개최하기로 했다. 조선어학연구회는 한글연구와 기사법記寫法 정리를 목적으로 삼았지만, 실질적인 설립 동기는 조선어학회가 추진하던 한글맞춤법통일안의 반대운동을 전개하기 위한 것이었다. 조선어학회는 주시경 학파가 모여 있던 단체인 반면, 조선어학연구회는 경성제대 출신자들이 중심이 되어 꾸린 단체로 두 단체는 대립적인 관계를 유지했다. 이런 관계는 조선어학연구회의 강령에서 나타난 기본원칙에 고스란히 담겨있다.

① 학술적 진리에 기인한 법칙을 준행하고 견강적牽强的, 환영적幻影的 견해를 배제함
② 역사적 제도를 존중하고 무계無稽한 호기적好奇的 주장을 배제함

「동광」 창간호(1926)

③ 민중적 실용성을 중시하야 평이平易 간명簡明한 처리법을 취하고 난삽현현難澁眩眩(이해하기 어렵고 까다로움)한 처리법을 배제함

한편 최현배는 한글맞춤법통일안 작업을 진행하는 도중 1932년 8월 여름 방학을 맞아 동아일보사가 주최한 제2회 조선어강습회 강사로 참가하여 청주, 괴산 수원 등지를 순회했다. 강습회의 내용은 『동아일보』에 「한글순례」라는 제목으로 게재되었다. 최현배는 1932년 8월 8일 청주 청남학교에서 강연회를 열었고, 8월 15일부터 17일까지는 충북 괴산청년동맹회관에서 오후 2시부터 6시까지 강연회를 열었다. 또 8월 20일부터 22일까지는 수원 삼일학교에서 오후 4시부터 매일 3시간씩 한글 강습을 진행했다.

조선어학회가 주도한 한글맞춤법통일안 기초 작업이 막바지에 다다랐을 무렵 이를 둘러싸고 조선어학회와 조선어학연구회의 찬반 대립이 첨예해졌다. 조선어학연구회는 조선어학회의 '한글맞춤법통일안'의 잘못을 지적하고 그 반대운동을 조직화하여 종래의 구식 철자법으로 통일할 것을 주장하고 나섰다. 이에 대해 최현배는 "학리는 학리로써 공공하게 논쟁할 것이요 결코 음모적으로 술책적으로 대항할 것이 아니다. 우리는 현대 동서양 학자들이 찾아낸 음성학, 언어학의 일반적 진리를 확

한글토론회의 한 장면(『동아일보』 1932년 11월 9일자)

지確持하였으니 조금도 은휘隱諱(꺼리어 감추고 숨김)할 것 없이 정정당당하게 만천하 유심有心 인사의 투철하신 이성과 공평한 비판에 하소할 따름"이라며 적극적인 공세를 취했다.

1932년 4월에 잡지 『동광』에 「한글 철자에 대한 신이론 검토」라는 글이 실렸다. 『동광』은 수양동우회의 기관지로, 1920년대 후반에 한글 토론의 마당을 마련한 일이 있었다. 이 잡지 편집부는 조선어학연구회의 박승빈 등, 조선어학회의 최현배·김윤경·이극로·이윤재 등, 조선어문학회의 이희승·김태준·조윤제 등 14명에게 설문을 보냈다. 이때 최현배는 박승빈 등이 주장하는 몇 가지 견해를 어법상 불합리하다는 요지의 답변을 보냈는데 이를 게재한 것이다.

그 뒤 동아일보사는 1932년 11월 7일부터 9일까지 '한글토론회'를 기획했다. 조선어학회와 조선어학연구회의 인사들이 나와 토론하는 형식이었다. 첫째 날에는 쌍서雙書(각자병서) 문제에 대한 토론이 진행되었다. 쌍서는 같은 닿소리글자들을 가로로 나란히 쓰는 것을 말한다. 조선어학회의 신명균과 조선어학연구회의 박승빈이 발제하고, 최현배·이희승·신명균과 백남규·정규창·박승빈 등이 질문과 토론을 이어나갔다. 3백여 명이 참석한 가운데 7시에 시작된 첫 날 토론회는 예정된 9시를 훌쩍 넘겨 10시 20분에 끝이 났다. 둘째 날 토론의 논제는 겹받침과 ㅎ받침이었다. 이희승과 정규창이 각기 발제한 후 토론이 이어졌다. 셋째 날에는 어미활용 문제를 두고 논쟁이 계속되었다.

　토론회에서 가장 논쟁이 되었던 것은 병서 문제였다. 이에 대해 최현배는 『동아일보』 1927년 10월 24일자에 투고한 글 「한글을 어떻게 정리할까」에서 자신의 입장을 피력한 적이 있었다. 당시 그는 한글이 세계 어느 글보다 우수한 문자임을 증명하기 위해서는 문법과 사전이 필요하다는 점을 역설했다. 그러면서 그는 한글을 어떻게 정리할 것인지를 묻고는, 첫째로 닿소리의 갈바쓰기[병서]의 복구를 주장했다. 'ㅅㅈ, ㅅㄷ, ㅅㅂ, ㅅㅅ'의 된시옷을 버리고 그 대신 같은 닿소리글자를 갈바쓰자는 것이었다. 둘째 'ㄷ, ㅈ, ㅊ, ㅋ, ㅌ, ㅍ, ㅎ'을 다 같이 받침으로 사용하는 것이 훈민정음의 "어성語聲에 복용초성復用初聲하라"는 본의에 맞을 뿐 아니라 우리말 자체의 본성에 맞다는 점을 주장했다. 셋째, 'ㆍ'를 폐지하자고 주장했다. 넷째, 글자를 적을 때에 음절을 표준삼지 말고 낱말을 표준으로 삼자고 주장했다. 당시 최현배는 조사 활용의 이론을 내세워 상대방의 이론적 취약점을 반박했다.

최현배는 지상토론이나 공개토론에 참여했을 뿐 아니라 논설을 발표하여 조선어학회의 맞춤법 정립에 기여했다. 이때 그가 발표한 글은 「새 받침에 관한 제 문제의 해결과 그 실례의 총람」(1932. 7. 19), 「박승빈님의 주장은 과연 종래 관용에 가까운 평이한 것인가?」(1932. 7. 19), 「문자와 문화」(1932. 10. 28) 등이다. 그는 새 받침을 써야 하는 이유로 고전적·실제적·과학적 근거를 들어 박승빈의 받침제한론을 비판하며 새 받침을 알아보는 법을 체언과 용언에 걸쳐 제시하고, 새 받침을 가진 말의 실례를 품사별로 제시하여 대중의 공감을 얻어냈다.

　이에 맞서 조선어학연구회는 과학적이고 논리가 명확하며 역사적 제도에 근거하고, 대중이 일상생활에서 편리하게 쓸 수 있는 한글철자법의 이론을 주장했다. 하지만 이는 1912년 조선총독부에서 작성한 「보통학교용 언문철자법」과 유사한 점이 많아 보수적인 구식표기법이라는 인상을 주었다. 또 근거가 빈약한 새로운 부호 사용을 주장하여 대중과 언론의 지지를 얻지 못했다.

「한글맞춤법통일안」 제정

 조선어학연구회의 반대에도 불구하고 조선어학회는 「한글맞춤법통일안」의 막바지 작업에 박차를 가했다. 조선어학회는 1932년 12월 임시총회를 열어 김선기, 이갑, 이만규, 이상춘, 이세정, 이탁 등을 조선어학회 철자위원회 위원으로 추가 선정했다. 이에 18명의 위원들이 그해 12월 25일부터 1933년 1월 4일까지 개성부 고려청년회관에서 제1독회를 열어 원안을 심의했다. 그 뒤 최현배를 비롯하여 권덕규, 김선기, 김윤경, 신명균, 이극로, 이윤재, 이희승, 장지영, 정인섭 등 10명이 수정위원으로 선정되었다.

 「한글맞춤법통일안」이 마무리되어 갈수록 조선어학연구회의 저항운동 또한 더욱 거세졌다. 1932년 4월 조선어학연구회는 정기총회를 열고 규약을 개정한 후 권중협權重協, 정규창 등 7명의 간사를 개선하여 돌파구를 마련하고자 했다. 하지만 이를 주도한 것은 박승빈이었다. 그는

1932년 12월 계명구락부에서 2주간 조선어강습회를 개최하고, 1933년 10월 조신어음리朝鮮語音理의 문법강좌를 개설히기도 했다. 이렇듯 반대파의 이론적 투쟁이 계속되는 가운데 1933년 4월 조선어학회 간사장에 선출된 최현배는 이에 적극적으로 대응하였다.

　조선어학연구회의 반발이 있었지만, 1933년 4월 이미 『동아일보』, 『조선중앙일보』, 『조선일보』 등이 「한글맞춤법통일안」의 신철자법을 채용할 정도로 대세는 기울고 있었다. 최현배 등 수정위원들은 6개월 동안 작업을 마쳤다. 그 뒤 1933년 7월 25일부터 8월 3일까지 10일 동안 화계사에서 제2독회가 열렸을 때 최현배는 신명균과 함께 의장에 선출되어 수정안을 축조, 심의했다. 먼저 수정안을 등사하여 전 위원들에 배부하고, 8월 5일까지 모순점을 지적하여 조선어학회로 보냈다. 이를 전체적으로 정리하기 위한 정리위원으로 최현배와 권덕규, 김선기, 김윤경, 신명균, 이극로, 이윤재, 이희승, 정인섭 등이 선정되었다. 정리위원들은 8월 23일 수표정 조선어학회 회관에서 제1차 회의를 열고 최현배와 정인섭 등에게 제2독회 결정 내용의 체계를 세우도록 했다. 이후 정리위원들은 위원들이 지적한 사항을 심의하기 위해 9차례의 모임을 갖고 45항목, 부록 10항목으로 정리했다. 그 뒤 최현배, 김선기, 김윤경 등으로 소위원회를 꾸려 마지막 손질을 하도록 했다. 이에 이들은 65항목, 부록 9항목으로 수정하여 한글맞춤법 심의는 일단락되었다. 여기에 이르기까지 모두 37회 회의를 통해 105시간 40분 동안의 논의가 이루어졌다.

　그 뒤 조선어학회철자위원회 위원 18명이 참석한 가운데 65항목, 부

1933년 10월 29일 한글날 기념식 당시 「한글맞춤법통일안」 발표 장면

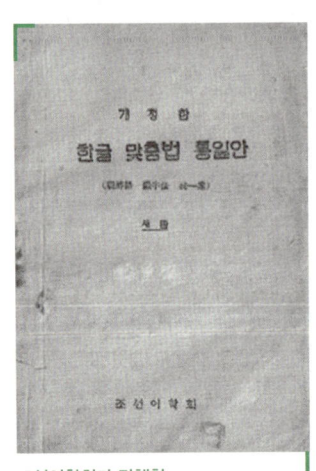

조선어학회가 간행한
『한글맞춤법통일안』(1933. 10)

록 9항목을 심의, 수정하여 1933년 10월 19일 조선어학회 임시총회에서 최종 검토 후 이를 만장일치로 채택했다. 발표식은 그해 한글날인 10월 29일 오후 5시 명월관 본점에서 기념식과 함께 진행되었다. 사업을 추진한 지 3년 만에 일이었다. 1,500여 명이 참여하여 125회, 433시간 동안 회의한 결과였다. 「한글맞춤법통일안」을 공포할 때 최현배는 개회사를 했다.

「한글맞춤법통일안」에서 최현배의 의견이 가장 뚜렷하게 반영된 것은 자음자의 이름이다. 그가 1928년 발표한 「한글 글씨의 이름에 대하여」에서 제안한 한글 글자의 이름이 그대로 통일안에 반영되었다. 하지만 그가 꾸준히 제기했던 가로풀어쓰기는 반영되지 못했다. 문자/성음 및 어법체계에서도 그의 주장이 실현되었다. 그동안 쓰였던 '언문'이란 말 대신 '한글'이 채택되었으며, '홀소리, 닿소리, 토' 등의 고유어 용어와 관형사 및 부사에 대한 지식체계 등도 반영되었다. 이외에도 그가 1930년 「조선어 품사분류론」에서 확립한 동사형태론에 관한 지식체계도 수용되었다. 토, 동사, 형용사, 용언, 어미 등의 개념도 그의 문법체계를 전제로 한 것이었다.

「한글맞춤법통일안」에 대해 유억겸(연희전문 부교장), 김성수(보성전문 교장), 김활란(이화여전 부교장) 등이 환영했고, 교육기관 및 언론기관, 출판계에서는 한글맞춤법 보급을 촉구했다. 「한글맞춤법통일안」 공포에 맞추어 교육기관과 언론기관도 즉각 이를 따랐다. 동아일보사 사장 송진우, 조선일보사 전무 주요한, 조선중앙일보사 사장 여운형 등 각 언론사 대표들도 이를 환영하고 한글맞춤법 보급운동에 적극적으로 나섰다. 이에 『신동아』, 『신가정』, 『조광』, 『여성』 등의 잡지도 새 맞춤법에 따라 간행되었다. 당시 조선일보사와 동아일보사가 추진했던 문맹퇴치운동과 문자보급운동도 한글맞춤법을 확산시키는 데 큰 역할을 담당했다.

교육기관이나 언론기관의 반응과는 달리 조선어학연구회는 즉각 반발하고 나섰다. 1934년 2월 조선어학연구회는 기관지 『정음正音』을 창간하고, 박승빈의 학설을 바탕으로 「한글맞춤법통일안」에 대한 비판

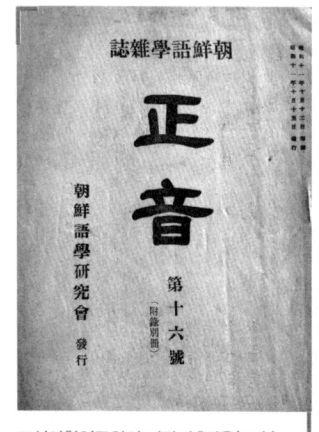

조선어학연구회의 기관지 『정음(正音)』

적 주장을 지속적으로 실었다. 1934년 6월 조선어학연구회의 윤치호, 문일평 등이 '조선문기사정리기성회'를 조직하여 「한글맞춤법통일안」 반대운동을 전개했지만 대세를 꺾을 수는 없었다.

1934년 7월 김기진, 박월탄, 현진건, 주요섭, 염상섭 등 전국의 문인 80여 명이 「한글지지에 대한 선언」을 발표했다. 골자는 조선어학회의 한글통일안을 준용하고 이를 저해하는 반대운동의 일체 배격, 조선어학회의 한글통일안 완벽한 연구발표 촉구 등이었다. 이렇듯 「한글맞춤법통일안」은 부분적으로 수정할 필요성이 제기되었으나 전반적으로는 사회의 지시를 받았다. 그 뒤 「한글맞춤법통일안」 중심의 표기법이 주류를 이루자 점차 두 학회의 논쟁은 점차 사그라들다 1935년 초에 이르러 일단락되었다.

1934년 9월 최현배는 「한글맞춤법통일안」의 총론을 평이하게 정리한 「한글운동의 본질과 그 발전」을 발표했다. 그는 이를 통해 한글운동의 목적, 강령, 과업, 근거를 자세하게 논했다. 그는 말과 글이 민족문화의 기초라는 「조선민족 갱생의 도」에 근거해 한글정리의 필요성을 촉구했다. 그는 '한글'을 '바른 글, 큰 글'로 해석하며 한글운동의 강령 네 가지를 다음과 같이 제시했다.

한글운동의 강령

① 글은 그 고유힌 소리값대로 읽자[一字一音主義]

② 말은 그 소리나는 대로 적자[一音一字主義]

③ 낱말(단어)을 확립시키자

④ 줄기[어간]와 씨끝[어미]을 확립시키자

최현배는 ①과 ②의 두 가지 원칙이 성취되어야 말과 글이 일체되어 글자의 통일과 말의 통일이 비로소 가능하다고 주장했다. ③과 ④는 낱말인 체언의 원형과 조사는 물론, 어간과 어미의 원형을 밝혀 적자는 뜻이다. 이는 통일안의 "어법에 맞도록"과 관련되는 원칙이었다.

그는 '한글운동의 전모'로서 연구, 통일사업, 보급운동 등을 제시했다. 조선말과 조선글의 연구 분야로는 언어학, 음성학, 문자학, 어법학, 고어연구, 어원, 근린국어연구, 조선문의 역사적 연구, 조선어의 역사적 연구 등을 들고, 서로 분담하여 연구를 하되 의견 합치를 찾아 어문통일사업을 추진해야 한다고 했다. 그는 조선어학회의 어문통일사업으로 ① 한글맞춤법통일안의 완성, ② 표준어사정 작업, ③ 철자사전의 편찬, ④ 조선어대사전편찬, ⑤ 한글 가로쓰기의 제정, ⑥ 조선말소리와 만국음성기호와 로마자와의 대조안 만들기 및 외국 고유명사 사전 짓기 등을 제시했다.

그런데 한글맞춤법을 보급하자 항간에서는 난해하다는 불만의 목소리도 적지 않았다. 이에 최현배는 조선어학회를 대표하여 1934년 9월 「한글 난해의 심리분석 -「한글맞춤법통일안」은 어렵다는 것이 과연 진정한 사실일까?」라는 글을 발표하여 그들의 인식을 바꾸기 위해 심리를 조목화하고 그 잘못을 매섭게 비판했다. 그는 개혁에 따른 과도기적 심리, 쉬움과 안일을 탐하는 심리로 과학적 연구대상이 어려움을 모르는 심리, 조선 사람의 자회自悔의 심리, '통일'에 대한 잘못된 심리, 반대를 일삼는 불순한 심리 등으로 맞춤법통일안이 어렵다는 사람들의 심리를 분석했다. 맞춤법을 표준말과 혼동하기 때문에 한글이 어렵다는 인식을 갖게 되었다면서 새로운 맞춤법을 보통학교에서부터 가르쳐야 한다고 주장했다.

최현배는 당시 조선어학회 회원 그 누구보다도 정연한 논리로써 자기들과 반대 의견을 가졌거나 회의적인 눈초리로 바라보는 인사들을 설득하면서 한글맞춤법 보급에 앞장섰다. 특히 박승빈이 중심이 된 조선어학연구회의 비방에 대해서는 글을 통해 맞섰다. 1935년 3월 그는 「지방유세의 우愚 - 어문운동? 정치운동?」이라는 글을 통해 조선어학회 이름으로 낸 「한글통일운동에 대한 반대음모공개장」(『한글』 3권 3호, 1935)을 뒷받침하고자 평안도 사람들을 중심으로 반대서명운동을 전개한 박승빈 등의 반대공작을 폭로하기도 했다.

표준어사정을 위하여

「한글맞춤법통일안」 발표 이후 곧바로 표준어사정이 이어졌다. 이는 공통어가 될 국어의 통일문제와 직결되는 것이었다. 조선어학회에서는 「한글맞춤법통일안」 발표 이후 표준어사정을 위한 작업을 진행하여 4천여 개의 낱말을 수집했다. 이어 1934년 7, 8월경 조선어학회 내에 '조선어표준어사정위원회'가 조직되자 최현배는 위원에 피선되었다. 위원회는 각 도 출신을 2인씩 배정하고 절반은 서울과 경기도 사람이 차지하도록 하여 모두 40명으로 구성됐다. 출신 지방뿐 아니라 교육계·종교계·언론계 등의 분야, 성性 등을 고려하여 안배했다. 울산 출신의 최현배는 김극배, 김병제, 이극로, 이윤재 등과 함께 경상도를 담당했다. 표준어 채택은 「한글맞춤법통일안」에서 정한 대로 "표준말은 대체로 현재 중류 사회에서 쓰는 서울말로 한다"는 원칙을 따랐다. 다만 가장 보편성이 있는 시골말도 적당히 참작할 필요가 있었으므로 모든 지방을 망라하여

표준어사정 제1독회를 마친 조선어사전편찬회 사정위원들의 모습(1935. 1)(『한겨레』)

조직을 구성했던 것이다.

  1935년 1월 2일부터 7일까지 충남 아산군 온양에서 32명의 위원이 참석한 가운데 제1독회가 진행되었다. 회의 방식은 한 낱말을 처리하는 데 있어 처음에는 서울을 포함한 경기도 출신의 위원에게만 결정권이 주어졌다. 경기지역 위원은 권덕규, 김윤경, 문세영, 박신영, 신명균, 안재홍, 윤복영, 이갑, 이명칠, 이세정, 이숙종, 이운용, 이탁, 이호성, 이희승, 장지영, 전필순, 정인섭, 한징, 홍에스더 등 20명으로 그 수가 가장 많았다. 다만 지방 출신 위원 중에서 그에 대해 이의가 있을 때에는 반드시 재심에 부쳐 그 말이 분포된 지방에 대해 숙의한 후에 전원 표결로 결정했다. 또 토의 도중 조금이라도 그 말의 뜻에 대해 이상한 점이 있을 때는 그것을 보류하여 추후 조사하도록 하고, 보류된 것에 대해서는 서면으로 일일이 대가에게 물어 결정했다. 전문어에 대해서는 각기 전문가에게 묻고, 직업과 관련된 전문어는 현장조사를 진행했다.

최현배, 「시골말 캐기 잡책」(1936. 5)

이렇게 엿새간의 심의를 끝낸 후에 최현배 등 모두 16명의 수정위원이 선정됐다. 이들은 누락된 어휘 보충, 모순점 지적, 사정한 표준어의 체계 수립 등의 임무를 맡았다. 그 뒤 수정사항을 토의하기 위해 1935년 8월 5일부터 9일까지 경기도 고양군 숭인면에 있던 천도교의 교육시설 봉황각鳳凰閣(현 강북구 우이동 소재)에서 제2독회를 열었다. 이때에는 사정위원 33명이 증원되어 모두 73명이 참여했다. 이들은 말소리와 말뜻의 닮은 꼴, 소리가 같되 뜻이 다른 말, 한자말, 준말 등 17개 항목으로 표준말을 분류했고, 「한글맞춤법통일안」 부록에서 다뤘던 138개 낱말을 다시 심의했다. 이에 모두 4,040개의 낱말을 사정했다. 그런 다음 최현배 등 25명의 수정위원들에게 통과시킨 어휘 중 잘못된 것과 누락된 것을 수정, 보완하고 전체적인 체계 수립 및 정리를 하도록 했다.

표준어사정 작업을 진행하던 1936년 5월 최현배는 『시골말 캐기 잡책』을 펴냈다. 이 책의 머리말에서 최현배는 시골말을 잘 정의했다. 여기에서 그는 "원래 대중말[표준어]이란 것은 어떠한 한 시골말을 가지고 온 나라말의 대중을 삼은 것임이 예사이다. 그래서 한 번 대중말이 확립되고 나면, 그 대중에 틀린 말은 사투리[訛言]가 되는 것"이라 규정했다. 그러면서 그는 "국내의 각 시골말을 캐어 모두는 일은 여러모로 매우 필요한 일이며 조선말의 연구에 뜻하는 이, 일반으로 조선을 알려는 사람은 누구든지에게 필요한 것이다."고 역설했다.

이에 그는 자손들에게 부끄럽지 않기 위해서는 노인들의 입에만 남아있는 땅이름을 수집하여 우리의 역사, 지리, 풍속, 제도, 문화생활 등을 연구하고, 옛말의 소리 변천, 말의 꼴과 듯(뜻)의 변천, 배달말의 계통 등을 연구해야 하며 훗날 우리나라의 땅이름을 순우리말로 되살리게 될 경우를 대비하여 자료를 수집해야 한다고 강조하곤 했다. 그는 천문 지리, 동물 식물, 인체 질병, 인류 등을 분류하여 시골말을 수집하여 『시골말 (캐기) 잡책』을 펴낸 뒤로 1957년 12월에 3판을 발행하기도 했다. 1941년 6월에는 『사투리 사전』을 펴냈으며, 해방 후 1955년에는 연희대학교 국어국문학회에서 『시골말 캐기 잡책』(프린트본)을 간행하기도 했다. 이외에도 1955년 7월 「땅이름 조사의 뜻」(『연세춘추』 55)과 1958년 6월 「방언 조사 방법론」(『사조』 6)을 발표했다.

한편 최현배는 한자 또는 영어로 된 과학용어를 우리말로 고치기 운동을 전개하여 해방을 맞은 1945년 8월부터 1970년대까지 이 일에 직접 관여하거나 감수했다. 그리하여 수학, 채광, 항공, 물리, 화학, 요업, 건축, 토목, 천문, 기상, 농학, 농업, 경제, 양잠, 축산, 음식, 미용, 당구, 화훼, 전기 및 법령, 경찰, 금융, 증권, 조폐, 농산물 검사 등과 관련된 수많은 용어 들을 제정했다.

조선어학회는 '표준말사정'을 인쇄히어 1936년 7월 사정위원뿐만 아니라 교육계·언론계·종교계 인사 및 문인, 기타 명사 등 500여 곳에 보내 의견을 물었다. 그 뒤 이를 모아 제3독회를 진행했다. 제3독회는 1936년 7월 30일부터 8월 1일까지 경기도 인천 우각제일 공립보통학교 강당에서 열렸다. 사정위원들은 1년간 수정, 보완된 안을 최종 심의했다. 그러고 나서 안건을 토의한 뒤 최현배 등 수정위원들에게 사정안 전체를 수정하도록 했다.

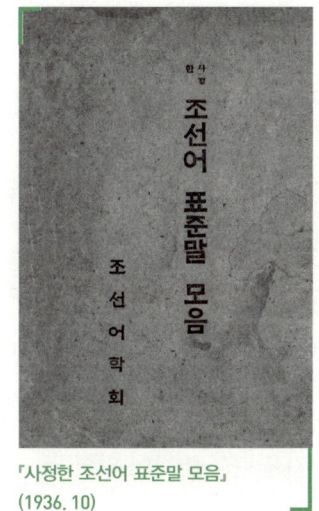

『사정한 조선어 표준말 모음』
(1936. 10)

이러한 과정을 거쳐 한글 반포 490돌을 맞은 1936년 10월 28일 오후 6시 인사동 천향원天香園에서 각계 인사 130여 명이 참석한 가운데 표준말 발표식을 가졌다. 그 뒤『사정한 조선어표준말 모음』이라는 제목의 책을 출판했는데, 이 책에는 표준어 6,231개, 약어 134개, 비표준어 3,082개, 한자어 100개 등 모두 9,547개의 낱말이 실렸다. 책의 일러두기에 밝힌 대강의 내용을 살펴보면 다음과 같다.

1. 여기에서 다루어진 말은 거의 일상용어이다.
2. 뜻이 같은 말[동의어]과 뜻이 비슷한 말[근사어], 준말을 기본으로 하고, 한결로 처리된 말떼[어군], 한자의 전음轉音의 두 항목을 부록으로 실었다.

3. 같은 말은 여럿 가운데서 표준말 하나를 가려잡고, 비슷한 말은 제각기의 뜻을 밝혀서 각각 독립한 표준말로 삼았다.
4. 말떼의 벌인 차례는 ㄱ, ㄴ, ㄷ 순(자모 순)으로 하였으며, 찾아보기에서는 가로글씨[횡철]를 대조해 넣었다.

최현배는 표준어사정 작업의 처음부터 마지막까지 참여하여 사정위원, 설명위원, 수정위원 등으로 활약했다. 최현배는 「표준어의 사정과 조선어의 특질」(1936. 11)에서 『사정한 조선어 표준말 모음』의 간행의 계기를 다음과 같이 밝혔다.

우리말이 세계 언어 가운데 가장 빼어난 특성을 가졌다는 것이 입증되었다. 조선어에 형용어가 부족하다는 일반 사람들의 생각은 잘못된 것이다. ㄱ 이유는 우리말이 천재저 문학가의 손을 거쳐 문학적으로 수련받을 기회가 없었고, 조선어 교육의 불완전성으로 소학교와 중학교에서 우리말에 대한 지식을 쌓을 수 없었으며, 우리말에도 다른 나라 말로도 번역이 어려운 많은 형용어가 있었다. 이에 대한 근거로 중얼중알/쭝얼쫑얼/중덜중덜/중절중절/종알종알… 등은 그 어느 나라 말로도 미세한 어감의 차이점을 옮길 수 없다며 청년 학생들은 조선말의 빼어난 성능을 연마하는 일에 자부심을 가져야 한다.

「외래어표기법통일안」의 이론적 뒷받침

사전편찬의 기틀을 갖추기 위해 한글맞춤법통일과 표준어사정에 이어 외래어표기를 정리하는 일이 남아있었다. 외래어표기법은 외래어 및 외국인명, 외국지명 등의 표기법을 정하는 것이다. 최현배는 외래어표기법에 대한 독자적인 안을 내놓아 토론의 지표를 제공함으로써 외래어표기법통일안을 이론적으로 뒷받침했다. 당시 최현배는 1938년 흥업구락부사건에 연루되어 연희전문에서 강제로 물러나있었다. 외래어표기법을 정하는 일에 참여한 한글학자들은 정인섭, 이극로, 이희승, 이중화, 정인승, 함병업, 김선기 등이었다.

하지만 외래어표기법을 정리하기 위해서는 국내외 학술단체의 도움을 받아야 했다. 최현배는 이미 1935년 4월 김선기, 정인섭, 이희승 등 20여 명과 함께 '조선음성학회'를 창립했다. 사무소는 조선어학회 안에 두었고, 최초의 간사는 김상용, 이하윤, 정인섭 3명이었다. 조선음성학

김선기

정인섭

회는 외래어표기법통일안의 구체적인 바탕을 마련하고, 1935년 7월 영국 런던대학에서 열리는 제2차 국제음성학대회에 우리나라 대표를 파견하고자 서둘러 만든 학술단체였다. 이때 파견인사로 김선기가 선정되었다. 그는 연희전문 출신으로 조선어학회에서 활동하던 국문학자였다. 그는 런던에 파견되어 '조선어음의 만국음성부호표기'와 '실험음성학으로 본 조선어의 액센트' 등을 보고했다. 이후 1936년 세계언어학회에는 정인섭이 참석하여 '조선어문과 구미어문과의 비교'를 발표했다.

그뿐 아니라 조선어학회는 일본 음성학협회 및 각 교육연구기관의 음성과학 전문가들, 그리고 만국음성학협회, 세계언어학자대회, 국제실험음성과학대회, 세계음성학대회 등의 지원과 더불어 세계 각국의 저명한 인사들의 협조도 구했다.

이러한 노력에 힘입어 1938년에「외래어표기법」,「일본말소리 표기법」,「우리 말소리의 로마자 표기법」등의 원안이 작성되었다. 2년 동안의 실험과정을 거쳐 각 언론계, 교육계, 문필계 등의 명사 300여 명의 비평을 구했다. 그로부터 2년 뒤에 결정안이 마련되었다. 원안 작성 시에는 최현배의 안이 참작되었다. 그가 작성한 만국음성기호와 한글과의 대조는 / 표시의 왼쪽이고, 통일안은 / 표시의 오른쪽이다.

닿소리		홀소리	
p	ㅂ / ㅍ	i	ㅣ
ph	ㅍ /	e	ㅔ
b	ㅃ / ㅂ	ɛ	ㅐ
t	ㄷ / ㅌ	æ	ㅐ
th	ㅌ / ㅆ	a	ㅏ
d	ㄸ / ㄷ	ʌ	ㅓ
k	ㄱ / ㅋ	ɔ	ㅗ
kh	ㅋ	o	ㅗ
g	ㄲ / ㄱ	u	ㅜ
s	ㅅ / ㅅ	ə	ㅓ
z	ㅈ / ㅈ		ㅡ
c	ㅈ / ㅊ	ø	ㅚ

외래어표기법에서 문제의 논쟁 핵심은 닿소리[자음]의 경우 터짐소리[파열음] 및 터짐갈이소리[파찰음] 계열에서 유기음과 무기음, 유성음과 무성음, 예사소리와 된소리 가운데 어디에 속하는가 하는 점이었다. 한글의 로마자표기법에서도 당시 논란의 초점은 역시 터짐소리와 터짐갈이소리 계열의 'ㄱ, ㄷ, ㅂ, ㅈ' 등이었다. 아울러 'ㅋ, ㅌ, ㅍ, ㅊ'의 표기 문

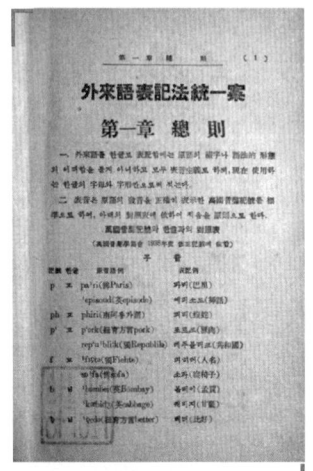

「외래어표기법통일안」
제1장 총칙(1941)

제도 견해를 달리했다. 최현배의 로마자표기법은 'ㄱ k(g), ㄴ n, ㄷ t(d), ㄹ r(l), ㅁ m' 등이었다. 최현배와 통일안의 로마자표기법의 차이는 만국음성기호의 한글 표기에서와 같이 터짐소리 및 터짐갈이소리에 있었다. 그가 집필한 『한글갈』에서는 다음과 같은 변화가 일어났다. 곧 'ㅈ tʃ, ㅊ tʃh'은 각각 'č, čh'로 바뀌고, 'ㄲ ʔg, ㄸ ʔd, ㅃ ʔb, ㅆ ʔs, ㅉ ʔdʒ'은 각각 'gg, dd, bb, ss, jj'로 바뀌었다.

외래어표기법 문제는 8개월이나 걸려 원안을 작성하고 나서 2개월 동안 시험, 보완하여 1940년 1월 『외래어표기법통일안』 책자가 발행되었다. 1931년 외래어표기법 제정에 착수한 지 8년 만인 1938년에 원안이 작성되었으나, 다시 2년 동안의 보완 기간을 거쳐 1940년 6월에 완성해 간행한 것이다. 이 안은 일제 말에 발표되어 크게 영향을 끼치지는 못했으나, 해방 후「한국 외래어표기법 규정」을 제정하는 데 근간이 되었다.

『외래어표기법통일안』은 총칙과 세칙, 부록까지 총 2장으로 구성되었다. 총칙에는 외래어를 한글로 표기함에는 원어의 철자나 어법적 형태의 어떠함을 묻지 아니하고 모두 표음주의로 하되, 현재 사용하는 한글의 자모와 자형만으로 적는 것과 표음은 원어의 발음을 정확히 표시한 만국음성기호를 표준으로 하되 한글과의 대조표에 의하여 적음을 원칙으로 한다는 것을 규정하고 있다. 이와 함께 만국음성기호와 한글 대조표를 제시했다. 세칙에는 원어의 자음은 한글의 닿소리로, 모음은 홀소리로써 대조하여 적되, 경우에 따라 자음에 홀소리를 겸하여 쓰고 모음에 닿소리를 겸하여 써야 할 것과 특수 방법으로 처리할 것들에 대해 규정하고 자음에 대한 것, 모음에 대한 것, 특수 방법으로 처리할 것으로 나누어 제시했다. 부록에는 국어음 표기법, 조선어음 라마자 표기법, 조선어음 만국음성기호 표기법 등이 수록되었다.

한글 문법서
『중등 조선말본』 출판

1928년 10월 가갸날이 한글날로 개칭될 즈음 최현배는 그동안 미루어 두었던 『우리말본』 집필에 전념하여 3년 만인 1929년 4월 제1편을 펴냈다. 최현배는 동래고보 교사로 재직할 무렵 이 책을 집필하기 시작해 교토대학 재학 당시 일반언어학을 수강하면서 책의 내용을 구체적으로 다듬었다. 그는 귀국한 뒤에도 연구를 계속하여 연희전문에 재직하던 1929년 9월 『우리말본』의 음성학 부분인 『우리말본 첫재매(소리갈)』를 연희전문출판부를 통해 펴냈다. 이는 훗날 '말소리갈'[음성학]로 정리되었다.

최현배는 『우리말본』을 완성하기 전에 우선 제1권인 『첫재매』를 출간한 것은 세간의 요구 때문이라고 했다. 그는 『우리말본』 편찬을 자기 평생의 요긴한 포부이자 의무라 생각했고 무궁한 장래를 가진 한민족의 한 사람으로서 스스로 짊어진 짐이라 여겼다. 하지만 언제 끝날지 모를 상황에서 마냥 미룰 수 없어 그 일부분이라도 간행했던 것이다.

그는 조선어학회의 「한글맞춤법통일안」 작업에 매진하면서도 틈틈이 원고를 작성해 1934년 4월 『중등 조선말본』 초판을 발행했다. '중등'이란 당시 5년제의 고등보통학교를 말한다. 『중등 조선말본』은 1934년 9월 재판, 1935년 7월 삼판이 발행되었다. 이 책은 조선어학회의 「한글맞춤법통일안」을 따랐기 때문에 중등학교 조선어과의

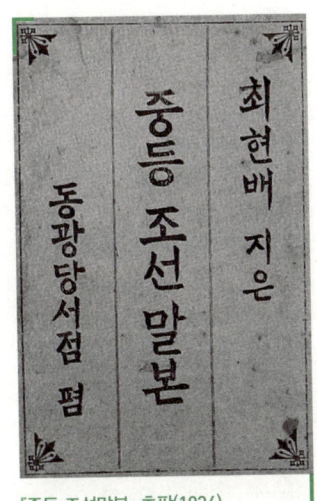

「중등 조선말본」 초판(1934)

교재 및 조선어 연구의 입문서 성격이 강했고 인기도 많았다. 당시 그는 한글맞춤법 보급에 힘을 기울이는 한편 표준어사정에도 관여하면서 교육문법의 체계를 다듬고자 했는데, 『우리말본』을 완성하기 전에 시험적으로 쓴 책이 『중등 조선말본』이다.

최현배 자신이 얽고 있던 문법체계를 이 책을 통해 시험적으로 제시했다. 그는 조선어 문법의 중요사항 중 학습하는 데 필요한 사항을 망라하여 종합적으로 다루었다. 또 「조선어 품사분류론」(1930)에서 자신이 제시한 용언의 활용법을 따랐다. 그 때문에 문법용어가 그가 새로 지은 고유어로 되어 있다. 그가 1929년에 발표한 『첫재매』와 「조선어품사분류론」을 통해 다듬어온 고유어 용어를 확대하여 사용했다. 다만 한자용어에 익숙한 사람들을 위해 괄호 안에, 본문에서는 책 위 칸에 한자를

제시했다.

『중등 조선말본』은 모도풀이[총설], 첫재매 소리갈[음성학], 둘재매 씨갈[품사론], 셋재매 월갈[문장론]) 등으로 구성되었다. 이는 김두봉의 『조선말본』, 『깁더조선말본』의 체계와 매우 흡사하다. 『조선말본』의 '기역, 니은'과 같이 말이다. 그는 사항 설명이나 예문 모두 국한문 혼용체를 취했는데, 이 또한 주시경의 『국어문법』과 비슷하다.

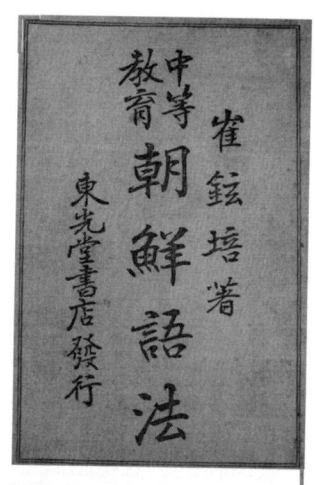

『중등교육 조선어법』(1936. 5)

그 뒤 『한글』 편집자로부터 『중등 조선말본』을 초보자도 알 수 있도록 아주 쉽게 써달라는 부탁을 받았다. 처음에는 '조선말본 강의'라는 이름을 붙였다가 '중등 조선말본 길잡이'로 이름을 바꾸어 1934년 4월 14일부터 『한글』(12호)에 연재했다. 1935년 2월(21호)에 끝마칠 때까지 모두 7회에 걸쳐 연재했다. 이 글이 뼈대가 되어 1946년에 『중등 조선말본 교수참고서』가 만들어졌다. 그는 『중등 조선말본』을 통해 한글 문법을 공부하거나 가르치는 데 도움이 되었으면 하는 마음에서 이를 집필했다.

이어 최현배는 1936년 5월 『중등교육 조선어법』이라는 책을 엮어냈다. 이 책은 고등보통학교 및 여자고등보통학교의 조선어 및 한문과에서 조선어법 교과서로 사용하기 위해 편찬됐는데 그 전의 『중등 조선말본』보다 체계가 다듬어져 『우리말본』과 거의 차이가 없는 완성된 교육

문법서로서의 체계를 갖추었다. 철자법은 1930년 2월에 개정한 조선총독부의 언문 철자법에 따랐다. 「한글맞춤법통일안」을 따르지 않은 것은 교과서 특성 때문인 것으로 보인다. 연습문제는 보통학교와 고등보통학교의 조선어 교과서에서 뽑아 강독과의 긴밀한 연관을 고려했다.

『우리말본』 출판

1936년 12월 31일 최현배는 『우리말본』 교정을 마쳤고 그로부터 약 2달 뒤인 1937년 2월 20일 연희전문학교 출판부에서 초판이 출간되었다. 하지만 『우리말본』은 너무 오랜 기다림 속에서 출판됐다. 최현배는 1929년에 『소리갈』을 펴냈고, 그 전 단계로 『중등 조선말본』까지 간행했음에도 『우리말본』은 한참 후에야 세상에 내놨다. 그것은 『우리말본』을 조판하는 데 상당한 시일이 걸렸기 때문이다. 1935년 5월 머리말을 쓰고도 정식 출판하기까지 1년 반을 더 기다려야 했다. 머리말의 끝에는 '감메 한방우'라고 썼다. 이는 그의 아호와 이름의 다른 표현이다. 『우리말본』은 그의 또 다른 저서 『한글의 바른길』과 함께 농촌문고에 비치할 책으로 도서로 선정되기도 했다.

그는 『우리말본』을 펴내는데 장구한 세월에, 일관한 성의와 집중의 심력을 다하였고 노고가 실로 적지 않았다 자평하면서도, 1933년 10월

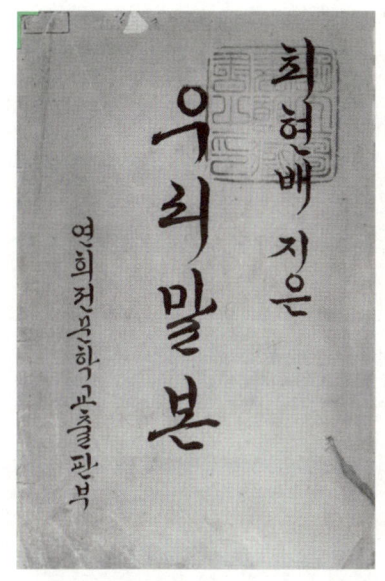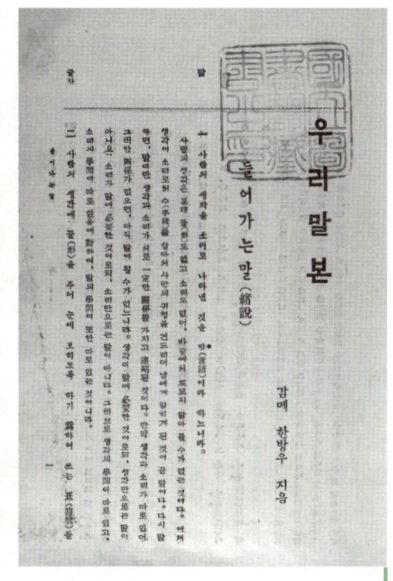

최현배, 『우리말본』(1937)

에 「한글맞춤법통일안」이 발표되고도 이렇다 할 말본 책이 나오질 않아, 부족하지만 『우리말본』을 펴내게 되었다며 출간 경위를 설명했다.

실제 최현배는 『첫재매』를 출판한 지 6년 반 동안 계속 짓고, 고치고, 깁고 하여 『우리말본』을 완성할 정도로 정성을 기울였다. 그가 이전에 쓴 『소리갈』의 유인본과 우리말의 음성문자에 관련된 현상을 집중 연구한 『첫재매』를 비롯하여 품사 분류와 형태론에 관련된 업적, 두 종류의 문법서 모두 『우리말본』을 위해 연구된 것이었다.

최현배는 최광옥, 유길준, 주시경 등의 뒤를 이어 조선 말본을 연구하고 정리한 것에 반생 동안의 "부단한 노력의 결정이고, 그지없는 느낌을 막을 수 없다"며 기쁨을 감추지 못했다. 다만 이전 사람들과 말본의

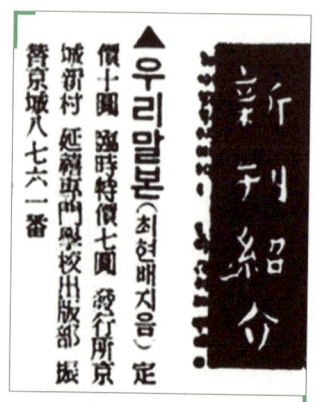

『우리말본』 신간 소개.
정가 10원 임시특가 7원
(『동아일보』 1937년 6월 8일자)

다른 점을 다음과 같이 언급했다. 첫째, 설명하는 방법에 있어서 풀이법[설명법]이 분석적이었지만 『우리말본』은 종합적이기 때문에 전체의 체계가 매우 다르다고 했다. 더욱이 그는 씨가름[품사 분류]에서부터 월갈[문장론]에 이르기까지 예전 것을 습용하지 않고 새로운 체계를 세웠다고 자부했다. 이에 조선어사전을 조직적으로 꾸밀 수가 있게 되었고, 외국인도 능히 한글의 조직과 운용의 이치를 깨우칠 수 있게 되었다며 자신했다.

『우리말본』은 그가 1920년부터 저술을 시작하여 1937년 출판될 때까지 무려 17년 동안 공을 들인 책이었다. 본문만 1,200쪽에 달하고 머리말, 찾아내기 등도 80쪽이나 될 정도로 방대한 책이다. 이 책은 주시경 이래의 문법연구를 계승하고 발전시켜 20세기 전반기의 문법연구를 집대성한 책으로 평가받고 있다. 더욱이 『우리말본』은 인용된 자료의 해박함, 설명의 논리정연, 체계의 정연함 등에서 당시로는 이를 능가할 문법서가 없었다. 그 때문에 『우리말본』은 『조선문자 급 어학사』(김윤경, 1938), 『한글갈』(최현배, 1942), 『조선 고가연구』(양주동, 1943) 등과 더불어 일제강점기 국문학의 4대 저서로 꼽힌다. 그는 『우리말본』 꼬리말[발문]에서 다음과 같이 회상했다.

돌아보건대, 내가 조선말을 배우기 비롯한 지 스물일곱 해만이요, 이 책을 짓기 비롯한 지 열일곱 해만이요, 박기를 시작한 지 한 해 반이다. 그 간에 나의 인간에서의 행로가 그리 평탄하지 못하였다. 바람이 불거나, 비가 오거나, 세상이 어지럽거나, 일신이 편찮거나, 오직 꼿꼿한 한 생각이 다만 이 일을 다 이루지 못할까를 근심할 뿐이러니, 이에 오늘에 다 됨으로써, 나의 반생의 의무를 짐 부리게 되었으니, 스스로 안심과 기쁨과 감사의 정을 막을 수 없는 바가 있다. … 나의 평생의 골똘한 소원은 이 책의 다 됨에 끝난 것이 아니라, 나아가 이 책이 조선말 조선글의 끝없는 발달에 한 줌의 거름이 되게 함에 있나니, 이는 나의 반생의 할 일이다.

1938년 2월 『한글』 6권 2호에 실린 조선어학회 광고란에는 『우리말본』에 대한 다음과 같은 평이 실렸다.

조선 어문의 금자탑 『우리말본』은 … 전 심혈을 경주하여 완벽을 이룬 조선어 문법서이다. 이것은 조선의 과학문명이 수입된 지 50년 이래 최초 최대의 과학적 체계적 창의적 대저작이니, 실로 조선 어문이 생긴 이래 초유한 것이다. … 더욱 조선 어문이 최대 정리된 철자법과 표준어의 실행이 오늘날 우리에게 무엇보다 급무인 이때에 있어서, 본서는 이의 완성자로서 그 사명을 오로지 다했다. 우리 어문의 통일을 도모하는 이는 이것으로써 출발점을 삼을 것이다.

『우리말본』은 「한글맞춤법통일안」을 이론적으로 뒷받침하는 이론서

역할을 했다.『우리말본』은 한글의 사전편찬과 외국인을 위한 문법 지침은 물론 한글맞춤법을 이론적으로 뒷받침하는 기초문법서 역할도 했다.

『우리말본』에는 총 목차가 제시되어 있는데, 예전에는 '목차'라고 했던 것을 '벼리'로 바꾸어 제시했다. '벼리'란 일이나 글의 뼈대가 되는 줄거리를 뜻한다. 이 책은 소리갈[음성학], 씨갈[詞論], 월갈[文章論]의 3편으로 구성되었는데, 이는『중등 조선말본』이나『중등교육 조선어법』의 구성과 같다. 본문의 끝부분에는 '꼬리말'과 '찾아내기'가 덧붙여 있다.

최현배는『우리말본』초판본에서 이전에 없는 구두점을 처음으로 선보였다. 동양에서는 전통적으로 문장의 뜻을 알아보기 쉽게 하기 위해 문장부호를 사용하는 일이 별로 없었으나, 당시 중국에서도 서양의 구두점을 받아들여 실행하고 있는 현실을 고려할 때에 우리글에도 구두점을 사용하는 것이 매우 편리하다는 입장이었다. 옛날같이 한글이 제 기능을 발휘하지 못하던 시대에는 구두점 사용의 필요성을 절실히 느끼지 못했으나 공용성을 발휘하는 입장에서는 구두점을 사용하지 않고는 한글의 문자적 기능이 제대로 발휘될 수 없다고 생각했던 것이다.

그는 가로풀어쓰기를 하면 영어의 구두점을 그대로 써도 되지만, 1930년대 당시에 내리쓰기를 했기 때문에 형태를 조금 고칠 필요가 있다고 했다. 당시 조선어학회의 한글맞춤법 초안 작성위원으로 활동했던 이상춘이『조선어문법』(1925)에서 쉼표를 비롯한 13개의 내리쓰기에 필요한 구두점을 도입하여 용법을 보여주었다. 러시아 연해주에서 독립운동을 펼쳤던 오창환과 계봉우가 함께 저술한『고려문전』(1930)에서도 10개의 가로쓰기용 구두점이 도입되었다.

그 뒤 「한글맞춤법통일안」에서는 아무런 이름도 주지 않고 내리쓰기용 구두점 16개를 제시하고 간단히 용법만 제시했다. 이에 최현배는 앞서 제기된 구두점을 종합하여 내리쓰기와 가로풀어쓰기에 이용되는 11개의 구두점을 언급하면서 우리말 이름을 제시하고 언어학적 의의가 인정되는 구두점 사용법을 자세히 규정했다. 이에 따르면 구두점은 온점(.), 반점(,), 쌍반점(;), 쌍점(:), 온점(끝점), 물음표, 줄임표, 도림括弧, 줄표, 붙임표, 끄어옴표(따옴표) 등 11개이다.

『우리말본』은 1950년에 수정, 보완하여 다시 출판하고자 했다. 하지만 6·25전쟁으로 잠시 중단되었다가 1955년 2월에 '깁고 고침판'이, 1961년에 세 번째 고침판이 나왔다. 그리고 1971년 최현배가 세상을 떠난 뒤 살아 생전에 미리 보아둔 교정본을 토대로 네 번째 판이 세상에 나왔다.

연희전문학교 강제 퇴직,
『한글갈』 간행

조선어학회의 사전 편찬이 예정대로 진행되던 당시 사회상은 급박했다. 1936년 12월 조선총독 미나미 지로南次郎는 「조선사상범 보호관찰령」을 제정, 공포하여 민족주의자들의 감시를 강화했다. 「조선사상범 보호관찰령」의 공포로 독립운동가였던, 소위 '사상범'을 감시하는 보호사 제도가 도입되어 대도시에 사상범보호관찰소를 세우고 보호사를 위촉했다. 사상범보호관찰소는 감옥과 유사한 기능을 수행했다. 보호사는 주로 일본인이 맡았는데, 조선인 가운데서도 일부가 보호사로 선별, 임명되었다.

이 법에 따르면 징역형을 선고받은 '사상범'이 형기를 마치고 출소하더라도 거주와 취직, 여행의 자유가 제한되며 다른 사람과 접촉하거나 편지로 통신하는 것을 제한받을 수 있었다. 이에 따라 '시국대응전선사상보국연맹'이라는 단체가 결성되었고, 이를 통해 항일사상범이 대부분인 치안유지법 위반자의 재범을 막고자 전향을 조직적으로 권유했다.

1937년 7월 일제는 중국 침략을 앞두고 국내 민족주의 단체 회원들을 사상적으로 압박했을 뿐만 아니라 그들에 대한 예비검속을 단행했다. 먼저 일제는 수양동우회 회원들을 검거하여 치안유지법 위반으로 처벌했다. 이것이 수양동우회사건이다. 이어 1938년에는 흥업구락부 회원들을 같은 명목으로 검거했다. 이를 흥업구락부사건이라고 한다.

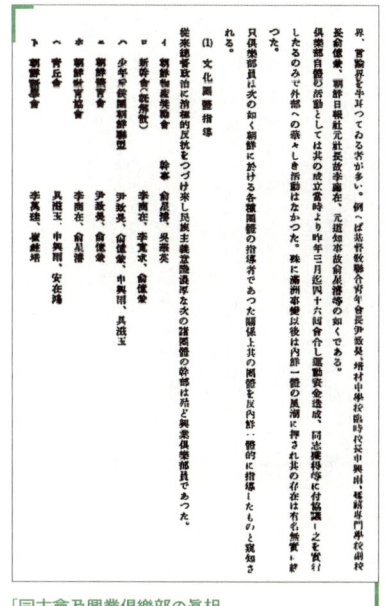

「同志會及興業俱樂部の眞相」
(『사상휘보』 제16호, 1938. 9)

당시 최현배는 『우리말글』을 펴낸 뒤에 그동안 집필한 어문 관계의 논설류를 묶어 1937년 2월 『한글의 바른길』을 펴냈다. 그는 한글의 정리, 통일 및 보급 운동이 시대의식이 되었다며, 한글운동의 의의와 내용이 어떤 것인지를 알리고자 이 책을 집필했다. 이를 통해 한글이 바른길의 지표가 되어 문화운동의 한 방향을 지도하는 데에 편익을 주게 되었으면 하는 바람을 가졌다. 그리고 그는 1938년 4월 『한글의 정리와 예수교』를 펴내면서 예수교의 성경 번역이 한글의 정리에 이바지한 공적을 인정하면서도 맞춤법이 옛 모습을 그대로 지니고 있는 것에 불만을 표시하며 새로운 맞춤법에 따른 철자의 개정이 시급하다는 성경철자법 개혁의 필요성을 주장했다. 이 밖에

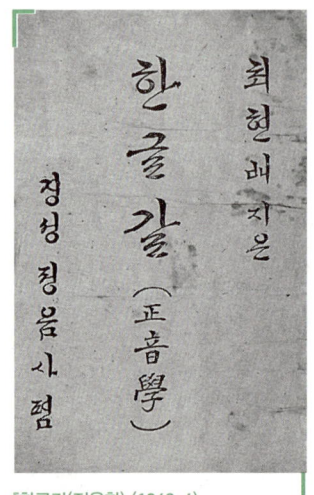

『한글갈(정음학)』(1942. 4)

도 그는 어린이를 상대로 한글의 기초 지식을 불어넣어 주었으며, 한글의 우수성을 세계에 널리 알리고자 했다. 또 그는 교토대학에 입학하면서부터 정성을 기울였던 가로풀어쓰기 이론을 더욱 깊이 연구했고, 『우리말본』 체계에 따라 이전의 중등문법서를 고쳤다.

이렇듯 한글연구에 전념하던 때에 그는 1938년 9월 흥업구락부사건에 연루되었다. 이 사건으로 민족주의 단체 회원들 대부분이 이에 연루되어 고초를 겪어야만 했다. 일제는 1938년 5월 안재홍 등 흥업구락부 회원 100여 명을 검거했다. 이때 최현배는 같은 연희전문 교수인 유억겸, 이춘호 등과 그 밖의 신흥우, 변영로, 윤치호, 최두선 등과 함께 검거되어 서대문경찰서에서 석 달 동안 악독한 취조를 받았다. 그는 경성지방법원 검사국에서 치안유지법에 의해 기소유예로 석방되었지만, 연희전문에서 쫓겨나고 말았다. 이 일로 인해 최현배는 1938년 10월부터 1941년 5월까지 조선어학회 간사 자리마저 휴직했다.

3개월 뒤에 석방된 최현배는 조선어학회에서 주도하던 외래어표기법에 관여하는 한편 1938년부터 3년 동안 집필에 몰두하여 1942년 5월 『한글갈』을 펴냈다. 이는 『우리말본』과 함께 큰 업적으로 평가받고 있다. 흥업구락부사건에 실업자가 되었지만 그에게는 한글연구에 집중할 수 있는 기회가 되었던 것이다.

최현배가 『한글갈』을 집필한 바탕에는 "말글에는 겨레의 얼이 담겨 있다"는 생각이 깔려있다. 이는 주시경이 1910년에 펴낸 『국어문법』 서문에서 "국토[域]는 독립의 터전[基]이오, 겨레[種]는 독립의 몸체[體]이오, 말은 독립의 성품[性]이라. 말이 없으면 겨레가 있어도 겨레가 아니오, 터전이 있어도 터전이 아니라"고 말한 것과 상통한다.

『한글갈』은 훈민정음에 관한 이론적 문제와 역사적 문제를 체계적으로 다룬 연구서이다. 이 책의 구성은 다음과 같다.

제1편 역사 편에서는 훈민정음의 창제·한글 발전사·정음正音 연구사 등으로 나누어 15세기로부터 현대에 이르는 한글운동, 한글 서적의 체계, 역대 군주의 한글 정책 등 국어학사적인 모든 문제를 논술했다. 이는 1920년 오구라 신페이小倉進平가 펴낸 『조선어학사』 이후로 한국인이 저작한 최초의 체계적 논술이다.

제2편 이론 편은 훈민정음에 관한 여러 논문으로 엮어졌다. 훈민정음의 해설, 소실문자의 음가音價, 병서론並書論, 한글의 기원 등을 고찰하고, 그 외에도 세계 문자상 한글의 위치 및 한글의 국제 음성기호 전사법, 로마자표기법 등에 관해 논급했다.

『한글갈』의 머리말에 따르면, 그는 '한글'을 우리 민족의 지적 산물 중 가장 위대한 것으로 여기고, 지적 탐구 중 가장 긴밀한 대상으로 꼽았다. 그러면서 그는 "훈민정음에 관한 일체의 역사적 문제와 한글에 관

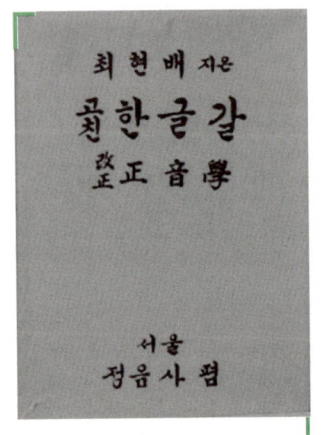

『고친 한글갈』(1960. 5)

한 일체의 이론적 문제를 크고 작고 망라하여 이를 체계적으로 논구하여 그 숨은 것을 들러내며 그 어두운 것을 밝히며, 그 어지러운 것을 간추리어, 그럼으로써 정연한 체계의 한글갈(정음학)을 세워 위로는 신경준, 유희의 유업을 잇고 아래로는 주시경 스승의 가름침의 유지를 이루고자 하였다"고 집필의 목적, 취지, 가치를 밝혔다.

그가 『한글갈』을 쓴 또 다른 이유는 당시 중일전쟁에서 만약 일본이 승리한다면 배달말과 한글은 장래가 어찌 될 것인지에 대한 근심 때문이었다. 그는 "오늘까지 우리가 쌓아올린 한글에 관한 지식을 책자로 남겨서 후손들에게 물려줘야겠다"는 심정뿐이었다고 한다. 1960년 5월에 펴낸 『고친 한글갈』의 머리말에는 그와 관련한 구체적인 내용이 담겨있다. 그는 "중일전쟁이 격렬해갈 무렵에 폭탄이 서울에 떨어지기 전에, 몸이 죽기 전에, 그때까지의 한글 동지들의 연구한 결과를 적어서 뒷세상에 전해야겠다는 문화육성의 정성과 겨레사랑의 의무감에서 전심전력을 다하였다"고 집필 동기를 밝혔다.

최현배는 1940년 동짓달에 『한글갈』 집필을 완료했다. 그 뒤 1941년 7월 『한글』 9권 6호에 "훈민정음에 관한 이론적 문제를 밝힌 90쪽의 『한글갈』이 조판 중"이라는 광고가 실렸고, 1941년 11월에는 인쇄 중인 인쇄소의 사정으로 이듬해 봄에 책이 나온다는 광고가 『한글』 9권 9호에 게

재되었다. 그 뒤에도 책은 곧바로 시중에 나오지 못하다가 1942년 5월에
야 비로소 간행되었다. 이처럼 책의 출판이 늦어진 것은 훈민정음 원본(해
례본)이 1940년 7월에 발견되어 부랴부랴 그 본문을 책머리에 싣고 그 설
명을 풀어넣었기 때문이었다. 훈민정음과 관련한 책을 집필하고 있는데,
귀중한 자료가 발견되었으니 그의 기쁨은 이루 말할 수 없었을 것이다.

  훈민정음 원본은 당시 국문학자였던 김태준의 제자 이용준李容準에 의
해 그 존재가 처음으로 밝혀졌다. 이용준은 자신의 처가인 광산 김씨 종
택 긍구당肯構堂 서고에 보관되어 있던 훈민정음 원본을 발견하고 김태준
에게 그 사실을 전했다. 크게 놀란 김태준은 이용준과 함께 경북 안동으
로 내려가 해례본을 직접 확인했다. 이용준은 잘 보관할 만한 사람에게
넘기고 싶다고 말했고, 김태준은 당시 문화재 수집에 적극적이었던 전
형필을 떠올렸다. 소식을 접한 전형필은 거액의 사례금을 주고 해례본
을 소장하게 되었다.

  『한글갈』 집필에 전념하던 최현배는 1941년 5월 연희전문에 복직하
여 1942년 9월까지 도서관에서 일을 보았다. 흥업구락부사건으로 해직
된 지 3년여만의 일이었다. 학생들을 가르치는 교수직이 아니라 도서관
의 일을 맡는 것이 복직 조건이었다. 그는 복직하자마자 출판사 정음사
를 사저에 설립하고 직접 조선어문 서적 출판에 뛰어들었다. 이를 기회
로 그는 『우리말본』 제2판을 정음사에서 출판했다.

  『한글갈』이 출판되었을 때 그는 "나는 나의 생명의 대가가 이 세상에
남게 된 것을 보고, 스스로 위안을 느꼈다"고 했다. 또 1942년 5월 그는
책이 간행된 날 감격하여 다음과 같은 시를 지었다. 당시에는 그 어디에

도 토로하지 못하다가 1960년 5월 『고친 한글갈』에 그 내용을 적었다.

한글갈이 책으로 나오는 날에 읊음
금강산 만이천 봉 죽장으로 찾아드니,
기암은 솟아 있고, 청담은 괴어 차다.
그중에 폭포수 소리나니, 경개 더욱 좋도다.

한 고비 돌아드니, 게가 또 새 경이요,
한 봉을 올라서니, 또 한 봉이 앞에 우뚝.
세상에 무진한 경치는 금강인가 하노라.

어려서 붙인 정이 갈수록 깊어지며,
한 봉우리 한 골작이 볼수록 아름답다.
두어라, 무진한 금강경을 살아 생전 찾으리.

또한 최현배는 1942년 『한글갈』의 출판 허가 신청 당시 부득이 삭제했던 머리말 문구를 『고친 한글갈』(1961년판)에 "언제나 소망에 불타던 나의 심정을 전한다"고 하면서 되살려 적었다. 삭제된 내용은 다음과 같다.

해가 남 회귀선에서 돌아서서 땅 우에 한 양기[一陽]를 던지는 것을 상상하면서, 인왕산 아래 커다란 은행나무의 천만 가지가, 잎사귀 하나 없이 앙상한, 그러나 끝끝이 푸른빛을 머금은 듯한 저문빛[暮色]을 바라보면서,

조선어학회사건의 발단과
함흥형무소 투옥

　조선어학회 회원들은 일제의 살벌한 감시에도 불구하고 조선어사전 편찬을 멈추지 않았다. 1942년 4월 원고의 일부를 대동출판사에 넘겨 인쇄를 하던 중 그해 여름 한 여학생의 일기책 속에서 삐져나온 한 줄도 채 못 되는 글 때문에 사건이 불거졌다.

　1942년 3월 함남 전진역에 나와 있던 홍원경찰서 순사 후카자와深澤八百壽는 거동이 수상한 박병엽朴炳燁을 경찰서로 연행했다. 그가 창씨개명을 하지 않은 데다 조선어로 검문에 응했기 때문이었다. 하지만 그에게서 별다른 혐의를 찾지 못한 일본 경찰들은 그의 집을 수색했다. 그러던 중 당시 함흥영생여고보 4학년이던 그의 조카 박영희朴英姬가 2학년 때 쓴 일기장을 발견하고는 압수해 갔다. 그로부터 5개월이 지난 뒤에야 홍원경찰서 고등계 형사부장 안정묵安禎默은 일기 속에서 "국어를 사용하는 자를 처벌하였다"는 구절을 발견했다. 트집을 잡을 것이 없어 고

함흥 영생여자고등보통학교 정문

심하던 그는 '국어'는 일본어를 가리키는 것으로 보고, 국어를 사용하는 자를 처벌했다면 학교 당국의 소행은 반국가적 처사로 다스려야 한다고 상부에 보고했다. 이에 박영희가 경찰서에 연행되었다. 박영희는 불구속 상태에서 약 1주일 동안 매일 경찰서에 출두하여 고달픈 신문을 받았다. 머리통을 쥐어박히고 뺨을 맞기도 했다. 당시 박영희는 '조선어'를 '국어'라고 잘못 썼다고 고백했고, 일본 경찰은 '조선어'를 '국어'라 쓰게 한 배후 교사를 색출하고자 했다. 이에 일기장에 자주 등장한 동급생 이성희李城姬가 경찰서에 불려가 심문을 받았고, 이어 이순자李順子, 채순남蔡順南, 정인자鄭仁子 등도 끌려가 고문에 시달렸다. 일본 경찰은 민족의식이 남달랐던 이순자와 채순남을 집중적으로 추궁했고, 김정옥과 지혜숙을 경찰서로 불러들여 그러한 사실들을 확인했다. 사흘 동안 안정묵은 김정옥과 지혜숙에게 협박조로 정태진과 김학준이 무엇을 가르치고 수업시간에 어떤 말을 많이 했는지를 되물었다. 얼마 뒤 김정옥과 지혜숙은 풀려났다. 이순자와 채순남도 얼마 후 석방되었지만, 졸업은 하지 못했다. 그 뒤 채순남은 병원 치료 중에 사망했으며, 이순자도 출가 후 얼마 지나지 않아서 세상을 떠났다.

정태진

한편 일본 경찰은 1942년 9월경 영생여고보 교사 최복녀, 김학준, 정태진 등을 불러 조사했다. 일본 경찰은 최복녀와 김학준의 심문을 차후로 미룬 뒤, 1942년 9월 5일 오후에 함흥의 조선어학회 사무실에 있던 정태진을 홍원경찰서로 연행했다. 정태진은 1925년에 연희전문학교 문과를 졸업하고, 영생여고보 교사로 근무하고 있었다. 그는 1927년 미국으로 유학을 떠나 1930년 6월 우스터대학 철학과를 졸업하고 이어 1931년 6월 컬럼비아대학교의 대학원에서 교육학 석사학위를 받은 인재였다. 귀국 후 그는 영생여고보에 다시 부임하여 9년간 교편을 잡았다. 그는 1938년 4월 「조선교육령」 개정으로 조선어가 선택으로 바뀌자 수신과 대수代數 과목을 맡아 가르쳤다. 1941년 5월부터는 가정 사정으로 교편을 그만두고 연희전문 동창인 정인승의 권유로 조선어학회에서 『조선말큰사전』 편찬에 종사하고 있었다.

정태진에게서 이렇다 할 단서를 찾지 못하자 일본 경찰은 최복녀와

무덕전

김학준을 취조했다. 최복녀는 일기장에 도장을 찍은 박영희의 담임교사였다. 그의 집에서 취조를 했지만 최복녀에게서도 별다른 혐의점을 찾지 못했다. 이어 김학준을 경찰서로 호출하여 취조했지만 역시 혐의점을 찾지 못했다. 김학준은 함경남도 덕원군 출신으로 1934년에 호세이대학法政大學 예과, 1939년에 센슈대학專修大學 경제과를 졸업하고 귀국 후 영생여고보에서 교편을 잡았다. 영생여고보에서는 공민과 체육을 담당했다. 여러 사람을 취조한 일본 경찰은 결국 영생여고보 문제를 불문에 붙이기로 결정했다.

그렇게 모든 일이 끝난 것은 아니었다. 일본 경찰은 정태진에게 조선어학회에 대해 취조하기 시작했다. 정태진은 조선어학회가 순수 연구학회인 점을 강조하며 조선어사전을 편찬 중이라고 밝혔다. 하지만 일본 경찰들은 그의 생각과 달리 학회를 빙자한 배일사상집단이라고 규정했다. 안정묵은 뒤를 캐기 위해 정태진을 경찰서 뒤편에 있던 무덕전武德殿으로 끌고 가서 고문했다. 결국 정태진은 버티지 못하고 강요된 진술서를 작성하고 말았다. 일본 경찰은 조선어학회는 조선 민족주의자들의 집단이고, 구성원은 누구누구이며, 사전 편찬 목적은 배달민족의 글을 다듬고 말을 순화시켜 민족의 얼을 살려 조선독립의 터전을 삼으려는 데 있다는 정태진의 억지자백을 받아냈다.

안정묵은 정태진의 자술서와 신문조서에 손도장까지 받고는 함남경찰부에 일대 음모사건의 단서가 잡혔다며 떠벌였다. 일본 경찰은 서울에 있던 조선어학회 간부와 회원들을 일망타진하기 위해 경기도경찰부와 공조를 폈다. 1942년 9월 하순경 홍원경찰서 경찰들은 비밀리에 서울에 잠입했고 서대문경찰서와 종로경찰서의 도움을 받아 10월 1일 새벽을 기하여 일제 검거에 나섰다. 이때 최현배, 이중화, 장지영, 한징, 이윤재, 김윤경, 이극로, 이희승, 정인승, 권승욱, 이석린 등 11명이 검거되었다. 당시 최현배는 연희전문 도서관에서 근무하고 있었다.

그 뒤 2차로 10월 10일과 18일, 21일에 이우식은 의령에서, 김법린은 동래에서, 정열모는 김천에서, 이병기·이만규·이강래·김선기 등은 서울에서 검거되었다. 12월 23일에는 3차로 부산에서 이인, 안재홍, 김양수, 장현식, 서승효, 정인섭, 윤병호가, 광양에서 이은상이 검거되었다. 마지막으로 1943년 3월 5일에 김도연, 서민호 등이 검거되었다. 이렇게 모두 29명이 검거되어 홍원경찰서 구치소에 구금되었다. 이때 권덕규, 안호상 등은 신병으로 구속을 면했다. 1943년 3월 31일에는 신윤국, 김종철 등이 불구속 상태로 홍원경찰서에서 증인신문을 받았다. 이어 방종현, 백낙준, 곽상훈 등 무려 48명이 증인신문을 받았다.

1943년 4월 말에 조서가 꾸려지자 홍원경찰서는 의견서를 첨부하여 함흥지방검사국에 33명의 서류를 모두 제출했다. 그 뒤 이극로, 이윤재, 최현배, 이희승, 정인승, 정태진, 김양수, 김도연, 이우식, 이중화, 김법린, 이인, 한징, 정열모, 장지영, 장현식 등 16명은 기소처분되었다. 이만규, 이강래, 김선기, 정인섭, 이병기, 이은상, 김윤경, 김종철, 이석린, 권승욱, 서승효, 윤병호, 신현모, 서민호 등 14명은 기소유예 되었고, 안재홍은 불기소 처분을 받았으며, 권덕규, 안호상은 병으로 기소중지 처분을 받았다.

1943년 7월 홍원경찰서에서 1년 동안 고문을 당한 16명은 함흥지방재판소 예심에 회부됨과 동시에 함흥형무소 미결감에 수감되어 옥살이를 시작했다. 나머지 17명은 석방되었다. 그해 9월 12일부터 이틀에 걸쳐 최현배, 이극로, 이희승 등 16명의 예심이 진행되었다. 모진 고문이 자행되는 가운데서도 최현배는 의지를 잃지 않고 옥중에서 한글연구를 계속해 나갔다. 그것이 한글 가로쓰기에 대한 연구였다.

그는 "옥중에 있는 이 목숨은 아침에 저녁을 기약할 수 없다. 평생을 같이하는 동지들이 옥중의 이슬로 사라짐을 엿들어 알았다. 나의 마음은 나의 생명의 대신 한글 가로글씨의 벼름의 운명 그것에 휘감기어 있었다"고 회고했다. 그가 감옥에 있는 동안 한글 가로쓰기 연구을 하며 혹독한 고문을 견뎌낼 수 있었음을 알 수 있다. 또 그는 시조를 읊조리며 모진 시간을 이겨냈다.

함흥형무소

반룡상盤龍山 좋다 하여, 유산차遊山次로 예 왔느냐?
성천강 맑다 하여, 뱃놀이로 예 왔느냐?
아니라, 광풍狂風이 하 세니, 지향없이 왔노라.

벽돌담에 둘러서, 열 길이나 높아 있고,
겹겹이 닫힌 문에, 낮밤으로 지켜 있다.
지상이 척척呎尺 곧 천리라 저승인가 하노라

나날의 살이日常生活

나는 독방에서 두 해를 보내었으니, 나의 동무는 오직 책뿐이었다. 붓도 종이도 없고, 다만 나날이 시력이 줄어드는 눈으로 책을 보는 것뿐이었다.

아랫목은 식당 되고, 윗목은 뒷간이라.
물통을 책상 하여, 책으로 벗 삼으니,
봄바람 가을비 소리, 창밖으로 지나다.

앉으니 해가 지고, 누우니 밤이 샌다.
보느니 옛글이요, 듣느니 기적이라.

이윤재

궁굼하다, 세계사 빛이 어드메로 도는고?

옥살이는 아침 일어나기로부터 먹기·일하기·자기가 다 구령으로 하게 된다. 단조로운 생활이 이 구령으로 말미암아 더욱 견디기 어렵게 되는 것이다.

한징

벽력같은 기상 호령, 놀라아 일어나니,
네 벽만 둘러있고, 말동무 하나 없다.
외로운 독방 고생은, 새벽마다 새롭네.

홍원경찰서 이래로, 옥창 밖에 와 지저귀는 까치 소리는 갇힌 이들에게 말할 수 없는 충동을 주는 것이었다.

슬쓸한 감방 속에, 홀로 앉았으니,
창밖에 까치 소리 아침 볕에 분명하다.
오늘이 며칠날인고, 기쁜 소식 오려나?

그런데 재판이 진행중이던 1943년 8월 이윤재가 옥중에서 사망하고 말았다. 이듬해 2월 22일에는 한징마저 옥중에서 세상을 떠났다. 이들은 일제의 갖은 고문을 이기지 못했던 것이다. 최현배는 고문을 당할 때

외솔최현배선생기념비(남산공원 장충자락)

에는 "목총이 뎅강뎅강 부러져 나갔다"고 회상했다. 최현배는 동지들이 옥중에서 이슬로 사라지는 것을 보면서 시조를 남겼다. 최현배선생기념비건립위원회에서 1971년 남산공원 장충자락에 세운 높이 9.75m의 외솔최현배선생기념비 뒷면에는 이때 그가 쓴 '임'이라는 시조가 새겨져 있다.

임이여, 어디 갔노, 어디메로 갔단 말고
풀나무 봄이 오면, 해마다 푸르건만
어찌하다 우리의 임은 돌아올 줄 모르나.
임이여 못 살겠소, 임 그리워 못 살겠소
임 떠난 그 날부터 겪는 이 설움이라

임이여 어서 오소서, 기다리다 애타오.
봄맞이 반긴 뜻은 임 올까 함이러니
임은랑 오지 않고 봄이 그만 저물어서
꽃지고 나비 돌아가니 더욱 설어하노라.
강물이 아름아름 끝간 데를 모르겠고
버들가지 출렁출렁 물속까지 드리웠다.
이내 한 길고 또 길어 그칠 줄이 없어라.

정열모와 장지영은 공소 소멸로 석방되었다. 그리하여 재판에 넘어간 12명은 아홉 차례나 공판을 받고 1944년 9월 30일 예심이 종결되었다. 함흥재판소는 이들에게 고유 언어는 민족의식을 양성하는 것이므로 조선어학회의 사전편찬은 조선 민족정신을 유지하는 민족운동의 형태라는 예심종결의 결정문에 따라 '내란죄'를 적용했다. 함흥재판소는 사전편찬의 책임자였던 이극로에게는 징역 6년을 선고했다. 그리고 최현배에게는 징역 4년, 이희승에게는 징역 2년 6월, 정인승와 정태진에게는 각각 징역 2년을 선고했다. 김법린, 이중화, 이우식, 김양수, 김도연, 이인 등은 징역 2년에 집행유예 3년을, 장현식은 무죄를 선고받았다. 최현배가 징역 4년을 선고받은 이유는 그의 판결문에 다음과 같이 나타나 있다.

일한 병합 당시부터 이에 불만을 품고 조선 독립을 희망하고 그 후 김두봉, 주시경과 같은 민족주의자의 감화를 받아 … 민족의식을 높이고 윌슨의 민족자결주의 및 1919년의 조선독립만세사건 등의 자극을 받아 더욱

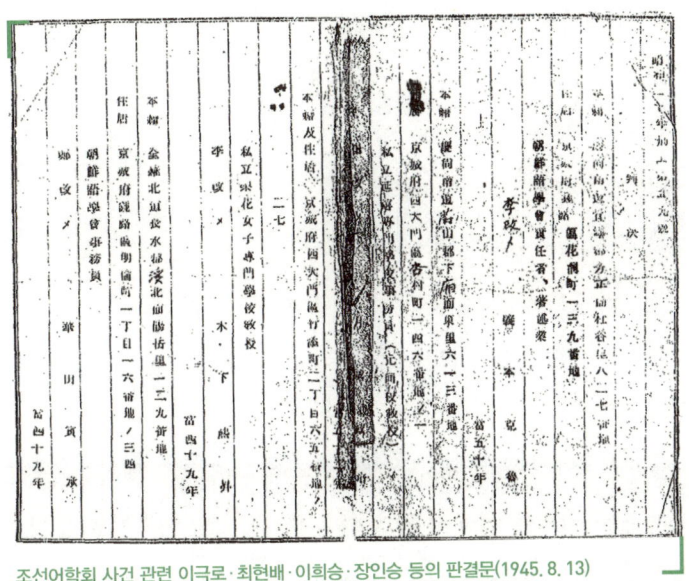
조선어학회 사건 관련 이극로·최현배·이희승·장인승 등의 판결문(1945. 8. 13)

더 조선독립을 절망하기에 이르렀다. 이에 '조선민족 갱생의 도'라는 민족적 저술을 하였고 1927년경 조선독립을 목적으로 하는 결사인 흥업구락부에 가입하여 그 회합에 자주 참여함으로써 1938년 9월에 경성지방법원 검사국에서 치안유지법 위반으로 기소유예로 석방되었다. 일찍이 조선어문 운동에 깊은 관심을 가지고 이극로와 같이 조선어사전편찬위원회를 조직하여 그 상무위원이 되었으며 그 회를 위하여 힘썼다. 이극로·정인승 등이 편찬 중인 조선어사전에 사용한 문법 술어에 관한 혐의를 하는 등 다음과 같은 결사의 목적 수행을 위한 행위를 했다.

　가) 조선 고유문화 향상, 민족의식 통일을 위한 조선 문자의 철자법 통일
　나) 표준어 사정을 위한 방언 정리

다) 외래어표기법 통일

라) 새 철자법에 대한 인문강습회 개최

마) 세종대왕의 훈민정음 반포식을 조선어학회 주최 아래 거행

바) 조선어학회 기관지 『한글』 발행

사) 조선어사전 편찬 사업

아) 조선 기념 도서 출판과 조직에 참여

자) 조선어사전에 사용되는 문법 술어에 관한 협의

함흥재판소에서 '치안유지법 내란죄'라는 죄명으로 징역형을 선고받은 최현배를 비롯한 이극로, 이희승, 정인승 등은 일본인 판사의 복종 권유를 뿌리치고 불복을 선언, 1945년 1월 18일 경성고등법원에 상고했으나 같은 해 8월 13일자로 기각되어 징역 4년이 확정되었다. 그러나 이틀 뒤인 8월 15일 일제의 패망으로 해방을 맞자, 이틀 뒤에 함흥지법의 출옥명령서를 받고 풀려났다. 최현배 등은 함흥 시내 소재 지인들의 집에 초대되어 대접을 받고 시내로 나가 군중들 앞에서 연설을 하는 등 해방의 기쁨을 만끽하고 8월 18일 오후에 서울행 기차에 몸을 실었다. 최현배는 당시 기쁨을 '해방'이라는 제목의 시조로 노래했다.

해방

1945년 8월 15일, 교만한 일본이 드디어 정의의 칼 앞에 엎디어 버리게 되자 굴레 쓴 조선에 기쁜 해방이 왔다.

15일, 16일 두 밤은 여전히 옥방에서 지낼 새, 감격이 일찍 겪어본 일 없

는 정도로 극도에 달하여서, 잠도 안 오고 시도 지을 여유조차 없이 천사민려千事萬慮로 매룽매룽 뜬눈으로 두 밤을 세웠다.

17일에는 옥중 동지들과 손을 맞잡고 옥문을 나왔다. 마중 온 큰아들을 만나고 또 함흥 인사들의 극진한 대접을 고맙게 받았다. '조선독립만세'를 부르며 길을 돌았다.

친구들의 청에 의하여 다음과 같은 노래말도 썼다.

백두산 높은 봉에, 서운瑞雲이 애두르고,
삼천리 골골마다, 생명 봄 돌아왔다.
삼천만 합심 협력하여, 무궁 나라 터 닦세.

조선어학회 재건과
초등 국어교과서 편찬

최현배는 해방이 된 뒤부터 자신의 목숨은 덤으로 사는 것이라 생각하고 남은 생을 나라와 겨레에 바치기로 결심했다. 그는 마지막까지 감옥에 있었던 이극로, 이희승, 정인승 등과 함께 함흥을 떠나 8월 19일에 서울에 도착했다.

그는 감옥에서 풀려나기 전인 1945년 8월 16일에 창립된 '조선학술원' 상임위원으로 선정되었다. 조선학술원은 1930년대 이래 조선학계를 대표했던 백남운 등을 중심으로 학술계와 기술계의 인사들이 문화방면을 중심으로 '신국가' 건설에 적극 참여하고자 만들어진 단체였다. 또 그는 건국준비위원회 중앙집행위원을 선출하는 135명 중 한 위원으로 선정되기도 했다.

최현배는 숨 돌릴 여유도 없이 바로 다음날인 8월 20일 동지들을 모아 조선어학회 재건을 위한 회의를 열었다. 조선어학회 사건에 연루되

이극로

이희승

정인승

1945년 11월 조선어학회 재건 당시

어 옥고를 치른 동지들을 모아 처음 검거된 10월 1일 근거로 '십일회'를 조직했다. 이들은 조선어학회 재건과 독립된 새나라 문화창달에 이바지 하기로 약속하고, 그해 8월 25일 긴급 임시총회를 개최하여 조선어학회 재건을 성사시켰다. 조선어학회는 가장 먼저 한글을 다시 '국어'로 부

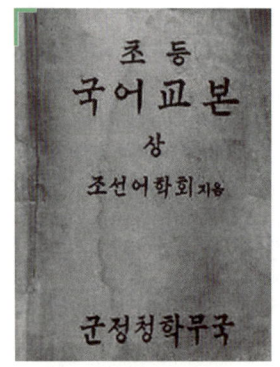

『초등 국어교본』(상)

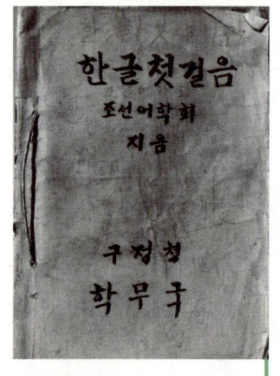

『한글 첫걸음』

활시키는 데 심혈을 기울였다. 일제강점기 동안 한글 사용이 금지되고 일본어만을 쓰도록 강요되었기 때문에 학교는 물론 가정에서도 한글을 가르치지 않아 학생들 대부분이 한글을 읽고 쓸 줄 몰랐다. 설사 학교에서 한글을 배웠다 할지라도 당시 학생 수가 많지 않았기 때문에 이를 깨우친 사람 또한 극히 적었다. 그러한 상황 때문에 한글 교재는 학생들뿐 아니라 일반인들에게도 절실했다.

임시총회에서 "교과서가 없이 공부하는 초등·중등학교의 시급한 사태에 대처하기 위하여 교육계·문필계·언론계 등 여러 방면의 협력을 얻어 우선 임시 국어 교재를 엮기로" 결의한 것은 그러한 당면 문제를 풀기 위한 것이었다. 이에 불과 1주일 만인 9월 1일 한글 교재 『한글 첫걸음』과 『초등 국어교본』(상) 원고가 탈고되었다.

이튿날 조선어학회는 국어교재편찬위원회를 만들어 일반용 우리말 입문서 편찬 계획과 초등 및 중등학교용 교재 편찬 계획을 세웠다. 동시에 조선어학회 주최로 교원 강습회를 열어 교사 강습에 들어갔고, 최현배 자신이 설립한 정음사에서는 말갈[문법]을 바르게 하고자 『중등 조선말본』을 인쇄했다. 또 조선어학회에서는 서울 시내 체조 관련 교원들과 귀한 군인들을 모아놓고 교련과 체조 용어를 한글로 바꾸는 작업을 진행했다. 예를 들어 '기오스케氣着(기착)'을 '차렷', '앞으로옷' 등이었다. 이렇듯 해방 직후 한글에 대한 교육이 절실한 상황에서 국립도서관의 대출 도서 가운데 최현배의 『우리말본』이 압도적인 우위를 차지했다.

그런데 해방 정국은 최현배 등 민족주의자들이 생각하는 것과는 다르게 전개되었다. 한반도가 38선을 기준으로 남북으로 갈리고, 1945년 9월 8일 북위 38도 이남 지역에 미군이 진주했다. 다음날부터 남한 지역에서는 아널드$^{A. V. Arnold}$ 소장이 군정장관에 취임함으로써 본격적인 미군정체제가 시작되었다. 당시 교과서를 새롭게 편찬할 시간과 인력이 부족했던 미군정 당국은 그와 관련한 일은 조선어학회에 맡길 수밖에 없었다. 미군정이 9월 24일에 모든 국립국민학교를 일제히 개교하도록 했기 때문에 교재는 더욱 절실했다.

당시 미군정은 한국의 교육에 대한 정보라든가 이해가 전무했다. 이에 미군정은 조선어학회 회장 이극로와 상무이사 최현배를 비롯하여 유억겸, 김성수, 현상윤, 이묘묵, 백낙준, 조동식, 이덕봉, 김활란, 임영신, 김성달 등을 초청하여 한국의 교육 전반에 관해서 논의했다. 이극로와 최현배를 초청한 것은 당시 조선어학회에서 한글로 된 교과서를 편찬한 것이 주효했을 것이다.

그 뒤 최현배는 조선어학회를 대표하여 9월 17일 미군정 학무지도관 로카드$^{E. L. Lockard}$ 대위를 만나, 미군정이 초등용 교과서 400만 부, 일반용(초등3년 이상) 200만 부, 중등용 200만 부를 인쇄하기로 하고 저작권은 조선어학회 소유로 확약했다. 이러한 이유로 1945년 9월 19일 최현배는 미군정청 학무국 편수국장이 되었고, 10월 1일에는 장지영이 편집과장보로 일하게 되었다. 이에 맞추어 최현배는 조선어학회 상무이사를 그만두었다.

최현배는 편수국장으로서 그동안 한글과 관련하여 궁리하고 연구해왔던 것들을 하나하나 정책으로 실현해나갔다. 그는 도시락을 싸들고 편수국에 출근했고, 공무시간에는 시간을 아끼고자 신문도 읽지 않았으며, 종이는 반드시 뒷면을 이용하고 종이와 잉크는 사사로이 쓰지 않았다. 물론 주어진 관용차도 결코 사적으로 이용하지 않았다. 그는 오로지 한글 교과서 편찬에 신명을 바쳤고 한글전용, 한글맞춤법통일안 채용, 한글 가로쓰기 등의 정책에 주안점을 두고 일했다.

1945년 11월 23일 미군정청 산하에 조직된 조선교육심의회에 9개의 전문분과위원회를 두었는데, 당시 편수국장이었던 최현배는 교과서분과위원장으로서 활동했다. 그는 이곳에서 교과서 준비, 교과서 검사제도, 표준 출판 배부 방법, 교과서에 한문 폐지, 교과서의 무료 제공 등 교과서에 관한 전반적인 연구를 진행했다. 교과서분과위원회는 두 가지 기본 방향을 정하고 출발했다. 첫째는 초·중등학교 교과서는 모두 한글로 하되, 한자는 필요한 경우에 괄호 안에 넣도록 한 것이었고, 둘째는 교과서는 가로쓰기로 한다는 것이었다. 당시 현상윤이 "언문이란 여인네들이나 가르칠 것이지, 당당한 남자들에게 가르쳐서 무식장이를 만들자는 말인가"라며 반발하고 나섰지만, 그는 이를 기회로 일본어나 한자말을 우리말로 다듬었다. 예를 들어 그동안 한자어로 통용되던 말들을

'지름, 반지름, 반올림, 마름모꼴, 꽃잎, 암술, 수술' 등과 같은 말로 바꾸거나 '벤또, 후미끼리' 등으로 사용되던 말을 '도시락, 건널목'과 같은 말로 바꾸었다. 그리고 '짝수, 홀수, 세모꼴, 제곱, 덧셈, 뺄셈' 등과 같이 수학 용어도 한글로 바꾸었다.

　이러한 그의 노력에 힘입어 조선어학회에서 편찬한 『한글 첫걸음』과 『초등국어교본』(상)이 1945년 11월 군정청 학무국 발행으로 전국의 초등학교와 중학교에 무상으로 배부되었다. 이를 기념하기 위해 11월 20일 오후 2시에 군정청 제1회의실에서 '국어교본 반포식'이 열렸다. 이 기념식은 아널드 군정장관, 군정청 편수과장 최현배를 비롯하여 조선어학회의 방태영, 최상윤 등 관계자 40여 명이 출석한 가운데 거행되었다. 이때 그는 공로를 인정받아 군정장관의 표창을 받았다. 이외에도 그는 『중등 국어』를 비롯하여 재임 2년 동안 각종 교과서 53종류를 펴냈다.

　또 최현배는 '한글전용촉진회'를 창립하여 한글운동을 펴는 동시에 젊은 동지들로 조직된 '한글보급회'를 지원하며 시민들에게 한글맞춤법과 한글전용의 중요성을 강연했다. 그가 이렇듯 한글 관련 단체를 만들고 한글보급강연회를 연 것은 미군정청이 개설되고 군정이 실시되면 일본어 대신에 이번에는 영어가 극성을 부릴 것을 염려한 까닭이었다.

　한편 최현배는 1946년 1월 새해가 시작되자마자 1월 9일부터 10일간 경기도학무과와 공동으로 정동의 경기고등여학교에서 중등교원강습회를 열고 이극로, 김윤경, 장지영 등과 함께 국어과를 담당했다.

한자폐지운동 전개

최현배는 한글전용을 주장하면서 한자폐지를 추진했다. 당시에는 한자 사용의 공과에 대한 자각이 일어나면서 한자가 폐지되고 한글이 전용되어야 한다는 주장이 강렬하게 제기되고 있었다. 한자를 배우는 데 너무나 많은 시간과 노력을 빼앗기기 때문에 현대과학의 발달이 저해되어 나라가 부강해지는 속도가 늦어진다는 것이 한글전용을 주장하는 중요한 이유였다.

최현배는 일제의 사슬에서 벗어나 새롭게 시작하는 마당에 봉건적 글자인 한자를 없애고 민중의 글자인 한글만 사용하는 것이 시대적 요청이라는 인식에서 한자폐지 이론을 정립했다. 한자가 수천 년의 민족문화를 발전시켜 왔으나, 이제는 한글이 민족문화를 새롭게 바꾸어야 한다고 주장하곤 했다. 한자는 사라져야 할 장애물이고 미신적인 우상이라고 보았다. 이에 그는 책에서 한자의 불리한 점, 한자의 해독, 한자를 안 쓰는 까닭, 한자 안 쓰기를 주저하는 의견들에 대한 불가함 등에 대해 논리적이며 합리적인 이유를 들어 한글만 쓰자는 논리를 폈다. 그는 다음과 같이 한자를 사용할 때 어떤 불리한 점과 어떤 해독이 있는지를 자세히 언급했다.

가. 한자는 배우기에 너무 많은 정력과 시간을 허비한다.
나. 한자는 인쇄하기에 매우 불편하다.
다. 한자는 타이프라이터, 리노타이프[라이노타이프] 같은 문명의 이기를 이용할 수 없다.
라. 민족의 정력과 시간을 허비하게 한다.
마. 토박이말을 낮추고 죽인다.
바. 한국 사람을 사대주의에 물들게 한다.
사. 민족의 독창적인 능력을 계발하지 못하게 한다.
아. 8할 이상의 문맹률을 낮지 못하게 한다.

'가'와 '라'에서는 한자 배우기의 어려움과 그로 인한 결과를, '나'와 '다'에서는 한자 기계화의 어려움을 나열한 것이다. '마~사'는 한자의 해독에 대한 것이다. 특히 한자폐지운동은 해방 후 국민교육에 그대로 반영되었으므로 이른바 '한글세대'라는 문자사용층이 형성되어 1970년대 이후의 한글전용에 큰 바탕을 이루었다.

한자폐지운동을 전개하고자 1945년 9월 29일 장지영 위원장을 위시하여 위원 30명이 발기한 '한자폐지실행회발기준비위원회(이하 한자폐지회)'가 조직되었다. 「발기취지서」에 따르면 '실행 조건'에서 ① 초등교육에서 한자를 뺄 것, ② 일상 행문行文(공문서)에 한자를 섞지 말 것, ③ 신문·잡지는 한자를 섞어 쓰지 말 것, ④ 편지의 겉봉·명함·문패도 한글로 쓸 것, ⑤ 동서고금의 모든 서적은 한글로 번역할 것 등의 5개 항을 들었다.

1945년 11월 30일 한자폐지회는 수송동의 숙명여학교 강당에서 발기총회를 갖고 실행방법을 토의한 결과, 우선 미군정청 학무당국에 초등학교 교과서에서 한자폐지를 건의하기로 했다. 이와 함께 정거장 이름, 관청·회사·상점·학교 기타 공공단체의 문패 및 간판도 한글화할 것, 각 언론기관과도 긴밀한 제휴를 할 것 등을 토의했다. 이날 위원으로는 이극로 등 69명이 선출되었다.

이어 조선어학회와 한글문화보급회, 조선노동조합전국연합회, 한자폐지회 등 각 단체는 군정청 교육심의회에 한자 폐지에 대한 건의를 제출했다. 최현배는 공직에 있던 관계로 이들 단체에는 참여하지 못했지만 정책적인 지원을 아끼지 않았다. 미군정청에서는 이들의 제안을 받아들여 1945년 12월 8일 다음과 같은 원칙을 정했다.

제1조 초등·중등 교육에서는 원칙적으로 한글을 쓰고 한자는 안 쓰기로 함.
제2조 일반의 교과서에는 과도기적 조치로 필요하다고 생각되는 경우에는 한자를 함께 써서 대조시킴도 무방함.
제3조 중학교에서는 현대 중국어 과목 또는 고전적 한문 과목을 두어서

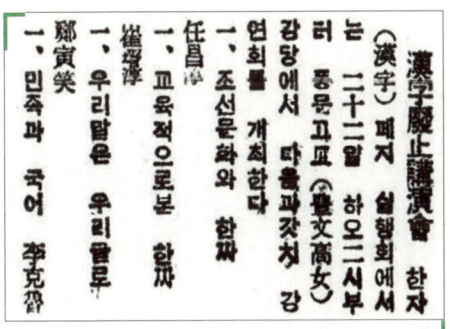

한자폐지강연회(『동아일보』 1945년 12월 17일자)

중국과의 문화적·경제적·정치적 교섭을 이롭게 하며 또는 동양 고전에 접근할 길을 열어주기로 함. 다만 한 숫자에 한하여 원문에 섞어 써도 좋음

제4조 이 한자 안 쓰기의 실행을 미끄럽게 빨리 되어 가기를 꾀하는 의미에서 관공서의 문서와 지명, 인명은 반드시 한글로 쓸 것을(특히 필요하다고 하는 경우에만 한자를 함께 써도 좋음) 당국과 긴밀한 연락을 취하기로 함

제5조 위의 제4조와 같은 의미에서 사회 일반, 특히 보도 기관, 문필가, 학자 등의 협력을 구할 것

이때에 한자폐지론에 대한 이해가 부족하여 '기차汽車'를 '물 끓인 힘으로 움직이는 수레'로, '전차電車'를 '번개 기운으로 다니는 수레'로 고쳐 불러야 한다는 우스갯소리도 있었다. 이러한 사회적인 분위기 속에서 한자폐지회는 풍문여고 강당에서 한학자 임창순, 군정청 학무국 계몽강사 정인소, 국문학자 이극로 등이 국어와 한자와의 관계를 주제로 강연

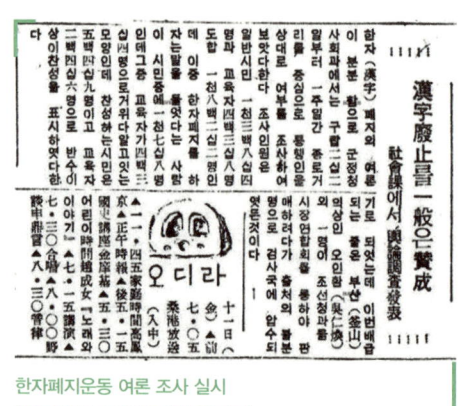

한자폐지운동 여론 조사 실시
(『동아일보』 1946년 1월 11일자)

회를 개최하여 여론을 환기시키고자 하였다.

그럼에도 불구하고 한자폐지에 대해 여론이 분분하자 미군정청 사회과에서는 1945년 12월 22일부터 1주일 동안 종로에서 일반인을 상대로 여론 조사를 실시했다. 이 조사에는 일반시민 1,384명, 교육자 438명 등 모두 1,822명이 참여했는데, 일반인은 549명이, 교육자는 246명이 한자폐지를 찬성했다.

이러한 운동에 대해 한자를 폐지한 뒤에는 한글을 어떻게 써야 하는지에 대한 질문이 나왔다. 이에 최현배는 '한글의 가로쓰기'를 대안으로 제시하며, 이는 자연에 순응하는 것이라고도 했다. 궁극적으로 가로풀어써야만 음운 글자의 특성을 그대로 살리는 훌륭한 '글자살이'를 할 수 있다는 것이었다. 그는 주시경에게 배운 한글 풀어쓰기를 실현하기 위해 여생을 바쳤다 해도 과언이 아닐 정도로 이에 애정을 쏟았다. 그러기 위해서는 가로쓰기가 선행되어야 했다.

한글 가로풀어쓰기 연구

최현배는 한자폐지를 주장하는 한편, 한글 가로쓰기를 실현시키고자 했다. 이는 한글의 본래 특성을 살려 과학적인 기계화로의 접근을 꾀하고자 하는 의도였다. 가로쓰기에 대한 연구는 구한말 조선어강습원 시절부터 시작했지만, 연구한 내용을 글로 정리한 것은 교토대학 유학 시절 순회강좌의 내용을 19922년 8월 29일부터 9월 23일까지 동아일보에 연재한 것이 처음이었다. 이후 그가 1926년 10월 가갸날 기념 강연한 것을 조선일보 기자가 필기한 기사 「우리글의 가로쓰기에 대하여」와 1937년 『한글』 5권 2~5호에 실은 「한글 가로쓰기의 이론과 실제」 등도 그와 관련한 글이다. 최현배는 가로쓰기에 대해 수십 년 동안 궁리하고 동지들과 함께 토론·연구했는데, 이를 본격적으로 연구한 것은 조선어학회사건으로 함흥에서 감옥생활을 할 때였다. 이때 그는 30년 전에 시작했던 한글 가로쓰기에 대한 연구를 다시 했다. 종이나 붓이 있는 것도 아니었고, 읽고 쓸 자유조차 없는 철창에서 그는 낮에 앉아서는 손바닥에, 밤에 누워서는 배 위에 그리며 가로쓰기를 완성해나갔다. 이에 대해 그는 다음과 같은 소회를 밝혔다.

> 나는 몸은 옥중에서 죽어 버릴지라도, 이 완성한 가로글씨만은 어떻게 해서 세상에 내보내, 길이 후손에게 전할까 하여, 겪은 고심과 고통은 여기 이루 적을 겨를이 없다. 뒤에 알고 보니 총상을 사흘 앞두고 8·15의 해방이 옥문을 깨뜨렸다. 목숨과 가로글씨를 함께 지니고서, 나는 동지 서이와 같이 옥문을 나와 자유의 사람이 되었다.
>
> — 최현배, 「나의 인생과 나의 학문」, 『나라사랑』 10, 1973

당시 그는 "이것은 나의 목숨의 댓가로서, 바깥 세상에 전달하여, 뒷사람의 참고에 바치며, 또 실시되는 일이 있기를 기원하여 … 그 글씨를 종이 쪽지에 적어서 나의 입은 솜옷에 간직하여 두고서, 나날이 아침마다 몸추는 검열을 받기를 너댓 달이나 하는 동안에 나의 조마조마한 위구의 심리는 번번이 간을 녹이는 듯하였다.

— 최현배, 『우리말본』(깁고 고침판) 머리말, 1955

그의 가로풀어쓰기 연구는 1942년 조선어학회 사건으로 검거되면서 옥중에서 해방을 맞을 때까지 3년 동안 이루어진 셈이다. 그의 이러한 노력은 미군정 당시 학무국에 설치된 조선교육심의에서 1945년 12월 8일 한자폐지와 가로글씨를 가결하면서 빛을 보기 시작했다. 당시 그는

「글자의 혁명」(1947)

군정청 학무국 편수국장으로 있었으므로 그의 입김은 누구보다도 컸다. 군정 당국의 어문정책은 그가 평소 지녀오던 문자개혁(신념대로 문자를 개혁하는) 수준이었기 때문에 어떤 형태로든지 이를 뒷받침할 이론이 필요했다. 이를 계기로 그는 1945년 12월 30일 조선어학회 총회가 끝난 후에 '한글 가로쓰기에 대하여'라는 주제로 연구 발표회를 개최했다.

1946년 9월 최현배는 '한글가로글씨연구회'를 조직하여 회장에 취임했으며, 함흥감옥에서 완성한 자신의 가로글씨안을 학회의 공식안으로 채택했다. 그는 자신의 이러한 주장을 1947년 『글자의 혁명』으로 정리했다. 이보다 한 해 앞선 1946년에 펴낸 『중등 조선말본』의 표지에도 풀어쓰기가 보인다.

그가 '글자의 혁명'이라 지칭한 것은 일제의 강점에서 "새나라 만 년 흥성의 터전을 닦으며, 이 겨레 무궁발전의 한길을 열음에 있어서, 가

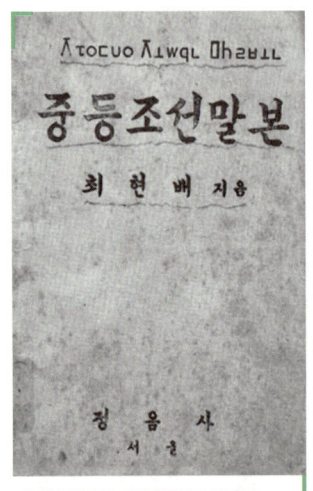

가로로 풀어쓰기한 『중등조선말본』
표지(1946, 정음사)

장 그 기초가 되며, 가장 그 핵심이 되는 것은 말과 글을 바로잡아 잘 다듬는 일"이라고 밝히며, '한자 안 쓰기'와 '가로풀어쓰기'로 거듭나야 하다고 주장했기 때문이다. 그는 우리 민족이 4천 년 내려오는 훌륭한 말과 5백 년 전해오는 과학적인 글을 가지고 있으면서도, 능히 이를 잘 부리어 생존 발전의 공을 거두지 못하고, 헛되이 남의 발 아래 눕혀, 약자의 설움과 패자의 슬픔을 겪어 왔다며 매우 통분해했다.

특히 조선 5백 년 동안 한자의 속박을 받아왔고 일제의 식민 통치 40여 년 동안 일어의 압박을 심하게 받아 정력과 시간을 허비하고 발전과 번영이 저해되었음을 안타까워했다. 이제 이를 다 벗어버리고 우리말과 글로 민족 생활의 무기를 삼아 민족문화의 편리한 연장으로 삼아야 한다고 주장했다.

이때에 '혁명적 기백'을 발휘하여 한글로만 쓰는 것, 우리 글자의 본래 기능에 따라 가로풀어쓰기가 이루어져야 한다고 강조했다. 즉 그는 '한자 안 쓰기' 다음으로 '한글 가로쓰기'의 문제를 다룬 것이다. 다음과 같은 이유로 그 근거를 삼았다. 첫째, 가로글씨의 맞춤의 벌림은 소리의 나는 차례와 일치한다. 둘째, 가로 글은 쓰기가 쉽다, 가로 글은 내리 글보다 보기가 훨씬 쉽다. 가로 글은 인쇄하기 쉽다. 가로 글은 읽기가 쉽

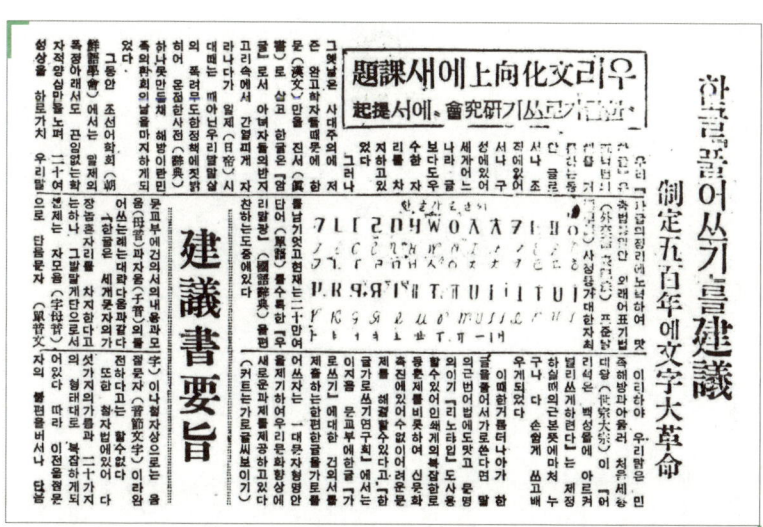

한글가로쓰기연구회, 한글 '풀어쓰기' 건의(『동아일보』 1946년 9월 18일자)

다. 가로 글은 맞춤법의 어려움을 많이 줄인다. 가로 글은 가장 자연스런 글이다. 가로 글은 오늘날 피할 수 없는 학문상의 대세이다. 가로 글은 통일함은 교육적이다. 가로 글은 낱말을 완전히 한 덩이로 묶기 때문에 우리글 발달에 도움이 된다.

　문교부 심의위원회에서는 "한글간이화의 최선의 방법은 한글을 가로 풀어 쓰는 데 있음을 인정한다"고 결정했다. 이는 우리나라의 활자 문화를 세로에서 가로로 바꾸는 데 밑거름이 되었다.

우리말 쓰기 운동과
우리말 도로 찾기 운동

해방의 기쁨과 함께 누구나 우리말과 글을 마음놓고 쓰게 되었다고 기뻐했다. 당시 문화인들은 일제의 악정을 묻는 질문에 '조선어 말살'을 꼽았다. 해방이 되었지만 몸에 밴 일본어는 쉽사리 청산되지 않았다. 거리 여기저기에서 '김 상さん', '이 상さん'과 같은 호칭은 물론 '먼저 실례失禮한다'와 같은 일본식 표현이 도처에서 들려왔다. 그리고 학교에서 출석을 부를 때 "하이."라고 했다가 "네."라고 고쳐 대답하는 학생들이 적지 않아 출석을 부른 교사가 '하이네'는 시인의 이름이라고 말했다는 웃지 못할 일화가 전해질 정도로 일본어에 심각하게 오염돼 있었다. 더욱이 전화교환수들이 사용하는 용어조차 일본어였다는 사실은 놀라움을 금치 못할 일이었지만 현실 그 자체였다. '모시모시(여보세요)', '난방에(몇 번의)' 등과 같은 일본어 안내를 우리말로 바꾸라는 여론이 높아지자 체신국에서도 가까운 시일 내에 조치를 취할 것이라며 이를 위해 각 학술

단체 전문가와 문화인 들에게 도움을 청했다. 1945년 10월 경성부 주최로 열린 경성부 주류조합 결성식장에서 경기도 경찰부 문형식 경제과장이 일본말로 훈시했다. 이를 듣고 있던 기자 한 사람이 국어를 사용하라고 충고했으나 그는 "나는 종래 20년간 일본 경시청에 있었기 때문에 조선말이 서툴다. 아무 말로 말하나 의사소통만 하면 그만 아니냐?"라고 항변한 일도 있었다.

이와 같은 상황은 어찌보면 당연한 것이지만, 35년간 일본어에 억눌렸던 조선어를 바로 일으켜 세우는 데는 여러 방면에서 의식적인 노력이 필요했다. 그렇지만 미군정은 애초에 포고 제1호 5항에서 "군정기간 중 영어를 모든 목적에 사용하는 공용어로 한다. 영어와 한국어 또는 일본어와의 사이에 해석 또는 정의定義에서 불명 또는 부동不同이 있을 경우에는 영어를 기본으로 한다"고 밝힌바 있었다.

해방을 맞아 일제와 함께 일본어가 물러갔지만, 미군정이 시작되자 영어가 한반도 38선 이남에서 공식어의 지위를 차지하게 되었다. 일본어에서 한국어로의 전환이 아닌, 일본어에서 영어로의 전환이라는 뜻하지 않은 상황이 닥친 것이었다. 미군정 초기 한국어를 아는 미군은 거의 없었다고 해도 과언이 아니다. 미군은 한국에 대한 통치를 조선총독부에 잔류한 일본인들에게 의지했던 것처럼 영어에 능통한 일본인들을 통해 조선에 대한 정보를 입수해야 하는 상황이었다. 한국인 역시 미군정과 연결된 일부를 제외하고는 영어와 무관했다. 미군정에서 발표하는 포고는 한국어로 번역되어 발표되었다. 이묘묵, 백낙준, 오천석 등이 발간한 영자신문 *The Korea Times*를 제외한 대부분의 신문과 잡지는 한

이숭녕

국어로 발행되었으며, 학교에서 사용하는 교수용어도 한국어였고, 역시 교과서가 마련될 때까지라는 단서 아래 외국어(일본어)로 된 것을 쓸 수 있도록 되었지만, 영어 교과서 외에 영어로 된 것은 없었다.

해방이 되었지만 일본어가 생활 깊은 곳까지 침투해 있었기에 '우리말 도로 찾기'는 해방 공간에서 시급히 해결해야 할 과제였다. 일본식 간판, 일본식 이름, 일본식 말투를 하루 속히 없앨 방도를 찾자는 호소는 한국인이라면 누구나 공감하는 것이다. 당시 전개된 '11가지 하지 말자' 운동은 한국인들의 정서를 대변하는 것이었다. 이 운동에는 해방민으로서 지녀야 할 태도나 교양 있는 생활을 위해 금해야 할 내용들이 들어있었지만 대부분은 한국인의 삶 속 깊이 침투해 있는 왜색을 몰아내자는 것이었다. 이는 일본말을 하지 말자, 일본식 이름을 부르지 말자, 일본 노래를 부르지 말자, 일본 사람 물건을 사지 말자, 일본 인형이나 노리개를 갖지 말자 등이었다. 이러한 구호가 등장하고 운동으로 전개되었다는 것은 일제가 남긴 독소가 그만큼 넓고 깊게 박혀있었음을 반증하는 것이었다. 그렇기 때문에 우리 것과 우리말을 되찾아야겠다는 의식은 매우 높았다.

우선 교육용어를 '조선어'로 정비했다. 1945년 9월 17일 미군정은 일반명령 제4호(교육의 조치) 및 군정법령 제6호를 공포하여 학교에서의 교육용어를 조선어로 정했다. 비록 조선어로 된 교재가 마련될 때까지 외국어로 된 교재의 사용이 허용되었지만, 이는 교육 분야에서 조선어를 회복한 공식적인 조치였다. 나아가 미군정은 학술용어의 정비를 위해 1946년 3월 군정청 학무국 산하에 '언어과학총위원회'를 설치했고, 21개의 학술 분야에서 사용되는 일본어를 찾아 적절한 조선어로 대치하는 작업에 착수했다.

1946년 11월 언어과학총위원회는 '학술용어제정위원회'로 개편하고, 초등·중등 교과서 용어부터 한글로 개혁하기로 하고 분과별로 연구에 들어갔다. 이 결의안에 따라 대부분의 학술용어가 우리말로 개정된 국어, 공민, 셈본, 음악 교본, 공예 등의 교과서가 편찬되었다. 그런데 매우 생소한 우리말 학술용어가 사용된 것에 대한 불만과 이견들이 표출되었다. '산술'을 '셈본'으로, '평균'을 '고른수'로, '직경'과 '반경'을 '지름'과 '반지름'으로 바꾼 것에 대해 문화 발전을 위해 고려의 여지가 있다는 것이었다. 이때 이화여자대학을 '배꽃계집아리 큰배움집'으로 하자는 우스갯소리도 회자되었다. 비판의 중심에 섰던 인물은 서울대 이숭녕 교수였다. 이에 반대하는 입장에 섰던 대표적인 인사들이 1947년 3월에 발표한 의견은 다음과 같았다.

① 정부가 선 뒤에 사계의 권위자들이 위원회를 구성해서 결정할 문제 – 주요섭
② 국제성을 가지고 있는 학술어는 그냥 한자로 표기하는 것이 좋다 – 문리과대학 교수 최윤식
③ 이미 익숙한 과학 술어는 그대로 사용하는 것이다 – 중앙과학연구소

장 안동혁

④ 국어를 철저히 하는 것은 좋으나 지나치다 - 중동학교장 최기동

⑤ 일반이 알기 어려운 새로운 말을 일부러 만들 필요는 없다 - 중앙여중 교장 황신덕

⑥ 상용화 안 된 것을 고치고 우리말로 된 것은 그냥 두자 - 혜화국민학 교장 윤정석

이들은 왜색용어를 말살하고 우리말로 바꾸는 것에 동의하면서도 무조건적인 한자어의 폐지에 반대하고, 이미 익숙하게 쓰고 있는 용어까지 폐지하는 것은 혼란을 줄 것이라고 지적했다. 특히 학술용어 제정은 교육 분야에 국한된 것이 아니고 사회 전체에 영향을 주는 일이기 때문에 일개 위원회가 아닌 더 많은 전문가 집단의 참여가 필요하다고 비판하면서 반성을 촉구했다.

이에 최현배는 즉각 반론에 나섰다. 그는 정치적인 독립도 정신적인 혁신에서 비로소 완전히 되는 것이라는 우리말 도로 찾기의 대의를 우선 강조하며 "불완전한 것은 앞으로 고칠 것이며, 사회 여러 분의 의견을 많이 듣겠다. 그리고 현재의 교수용어는 산수든 역사이든 전부를 문교부의 교수요목재정위원회와 학술용어제정위원회 두 군데에서 만들며, 한편 편찬위원회가 이에 협력하여 제정한다"며 구성과 절차에 아무런 문제가 없다고 반박했다.

최현배는 주변의 반대에도 불구하고 학술용어 제정을 소신껏 추진해 나갔다. 그는 합창대를 '떼소리떼'로, 비행기를 '날틀'로 하자는 것 등은

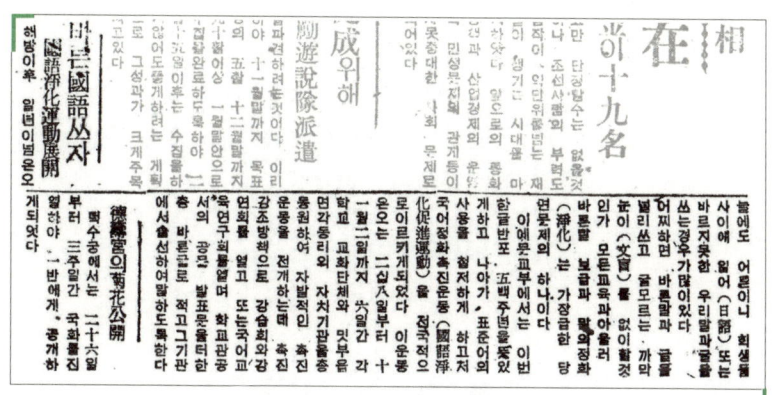

바른 국어 쓰자, 국어정화운동 전개(『동아일보』 1946년 10월 26일자)

모두 오해라고 해명하며 주시경의 정신을 본받고 일반의 충고를 들어 개정해나갈 것임을 거듭 밝혔지만, 우리말 찾기의 정신과 방침은 변함없었다.

  이와 때를 같이하여 1946년 6월 문교부 편수국에서는 국어정화의 네 가지 방침을 정했다. 당시 편수국장 최현배, 부국장이자 조선어학회 이사장 장지영 등이 이를 주도했다. 국어정화란 일본어를 쓰지 말고 우리말을 쓰자는 것이었다. 해방된 지 1년이 다 되어가지만 여전히 일본어를 사용하는 사람들이 적지 않았다. 이에 최현배는 "우리 조선사람들은 그렇게도 진저리나게 겪은 포악한 왜놈의 종노릇을 아직도 여전히 공공연하게 되풀이하려 하니 이 어찌 빼기 어려운 노예의 근성이며, 이를 듣고도 무심히 지나가니 이 어찌 건망증 들린 뼈 없는 백성인가!"라며 강도 높게 비판했다. 그러면서 그는 "우리에게 겉으로 덮어씌운 일제의 철망은 남의 나라가 벗겨놓았은즉 우리의 마음 밭에 억지로 심어놓은 종의

우리말과 글 다시 찾으라(『경향신문』 1947년 1월 8일자)

씨는 우리 스스로 뽑아버려야 할 것"이라며 국어정화의 의지를 강조했다.

1947년 1월 편수국의 주도하에 교육계·문단·언론계·출판계 등의 권위자 128명이 모인 '국어정화위원회'가 구성되었다. 국어정화위원회는 1차 위원회를 열었는데, 문교부장 유억겸, 편수국 차장·조선어학회 이사장 장지영, 조선어학회 이극로, 연희대 총장 백낙준, 진단학회 송석하, 사범대학 신기범 등 40여 명이 참석했다. 이 자리에서 다음과 같은 네 가지 방침이 정해졌다.

① 우리말이 있는 것은 일어를 쓰지 말고 우리말을 쓰며,
② 우리말이 없어 일어를 쓰는 것은 우리의 옛말에서라도 찾아 비슷한 것이 있으면 이를 끌어다 그 뜻을 작정하고 쓰기로 하며,
③ 옛말도 찾아낼 수 없는 말이 일어로 씌어온 것은 다른 말에서 비슷한

것을 얻어서 새말을 만들어 그 뜻을 작정하여 쓰기로 하고,
④ 한자로 된 일어는 일본식 한자를 버리고 우리기 전부디 씨오던 식의 한자를 쓰기로 한다.

이어 사업 수행을 위해 18명의 심사위원을 선정하여 1947년 2월부터 그해 10월까지 8개월 동안 11번의 심의위원회를 여는가 하면 민간의 의견도 광범위하게 수렴하여 일본어를 대체할 만한 한글을 조사했고, 7월에는 라디오와 신문을 통해 심의안을 일반에 공개했다. 당시 심사위원회를 주도한 것은 최현배, 장지영, 이병기, 정인승, 이호성, 정태진 등 조선어학회 관계자들이었다.

이와 때를 같이하여 최현배는 1947년 5월 『우리말을 깨끗이 하자』는 책을 집필했다. 그는 이 책에서 잃었던 우리말을 되찾아 쓰는 구체적 방안을 제시했다. 먼저 깨끗한 우리 배달말을 버리고 일본어를 쓰게 된 상황을 다음의 일곱 가지로 분석했다.

일본어를 쓰게 된 형편
가. 배달말이 일본 한자어로 대치된 것
나. 우리의 한자어가 일본 한자어로 대치된 것
다. 우리의 좋은 한자어가 일본 한자어로 대치된 것
라. 일본식 한자어로 바꾼 것
마. 다른 뜻의 한자어를 그대로 가져온 것
바. 일본어의 서양식 표현을 흉내낸 것

사. 일본의 서양 외래어를 그대로 가져온 것(가방, 구두)

최현배는 이에 대해 모두 사대 심리의 발동에서 기인한 것이라면서 마땅히 없애버려야 한다며 한글쓰기운동의 중요성을 거듭 강조했다.

1948년 1월 12일 중앙청 30호실에서 개최된 국어정화위원회 총회에서 그동안 일본어 876개를 한글로 바꾼「우리말 도로 찾기」원안을 검토하고 이를 시행하게 되었다. 그 뒤 1948년 2월 지은이를 문교부로 내세운『우리말 도로 찾기』가 조선교학도서주식회사에서 출판되었다. 이 책에 실린 표제어는 862개였다. 그 해 6월에는 책의 내용을 고치고 보완하여 조선교학도서주식회사가 무상 헌납하는 형태로 60만 부를 인쇄하여 보급했다.

이 책자는 머리말, 방침, 일러두기, 본문 등으로 구성되어 있다. 머리말 전반부는 '우리말을 도로 찾아야 하는 이유와 우리말 도로 찾기의 취지가 담겼고, 이어 제정 경위가 실렸다. 일본어의 가타카나ヵタヵナ 순서대로 일본식 한자와 가타카나로 이루어진 단어들을 나열하고, 한자의 상단에는 일본어 발음이 가타카나로 작게 써 두었다. 단어마다 우리말로 대체할 수 있는 표현을 소개하고, 일부 단어는 '풀이'를 두어 상세하게 설명했다. 『우리말 도로 찾기』에 실린 몇 가지 예를 들면 다음과 같다.

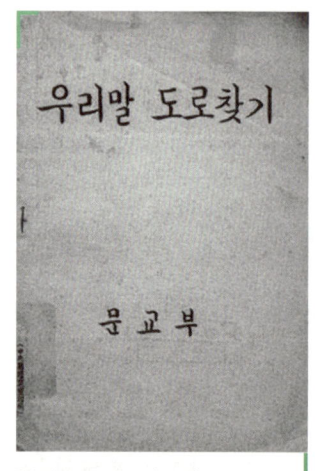

『우리말 도로 찾기』(1948)

아이마이アイマイ 모호, 모호하다
아키라메アキラメ 단념, 단념하다
명도明渡 내어주다, 비워주다
벤또辨當 도시락
혼다데ほんだて 책꽂이
가감加減, かげん 더하고 빼기
간스메缶詰, かんづめ 통조림
후미끼리ふみきり 건멀목

『우리말 존중의 근본 뜻』(1951)

특히 최현배는 많은 일본말 가운데 '벤또辨當'를 '도시락'으로 고치고자 애썼다. 만약 이 말을 버리지 못한다면 쫓겨났던 일본인이 다시 우리나라에 올 적에 배에서 내리자마자 부산정거장에서부터 그들이 가르쳐 놓은 말 '벤또'를 듣게 될 것이고, 이는 일본인들에게 우월감을 자아내게 할 것이라고 우려했다.

그런데 이에 대한 반론도 적지 않았다. 서울대 대학원 부원장 조윤제는 "말이란 생명체이므로 우리말에 들어온 외국어를 억지로 고친다면 오히려 말의 혼란을 조장하는 것이며, 말의 퇴보를 야기할 것"이라 비판했다. 이숭녕은 "말이란 항상 산 말이어야 한다. 죽은 말을 끌고 가는 '우리말 도로 찾기' 자체가 잘못됐다"고 지적하면서 일본말 중에서도 그대로 남겨둘 것이 있다고 보았다.

그럼에도 불구하고 그의 우리말 쓰기 운동은 6·25전쟁 동안에도 계속되었다. 그는 1951년 당시 위급한 조국의 현 상황에서 예측할 수 없는 생명의 위험을 직감하면서 피난지 부산에서 뒷사람에게 전해주고자 『우리말 존중의 근본 뜻』을 저술했다. 이 책의 목차는 사람과 말, 겨레와 겨렛말, 말과 창조생활, 국어운동의 다섯 가지 목표, 우리말을 깨끗이 하자 등이다. 우리말의 존중의 근본 뜻이 어디에 있는지를 밝히고, 존중해야 할 우리말을 잘 다스려야 함을 제시한 책으로, 우리말을 깨끗이 다듬어야 한다는 취지를 담고 있다.

그는 수천 년 동안의 한자 한문의 절대적 위압에서 35년 동안 일제의 동화정책을 겪으면서 한자말이 너무 많고 문화적 해독을 주는 일본어 찌꺼기가 많이 남아있어 우리말이 비뚤어지고 흐트러져 혼돈 불순한 상태에 놓여 있다면서 우리말, 우리문화의 자주적 발달을 위해 수술의 칼을 잡아야 한다고 강조했다. 이를 위해 최현배는 다음과 같은 다섯 가지를 제시했다.

- 일본말 찌꺼기를 제거하고 그 자리에 우리 토박이말을 심는다.
- 일상생활에서 낡은 일어를 쓰는 버릇을 없앤다.
- 공문서에서 일본말투 글월의 때를 닦아버린다.
- 각종 한문 및 교육에서도 일본말 그루터기를 뽑아버린다.
- 모든 사물의 이름에서 일본 냄새를 없이 한다.

첫째, 토박이말을 심는 예로는 'スシ(스시)'를 '초밥'으로, 'ウドン(우동)'을 '가락국수'로, 'オデン(오뎅)'을 '고치안주'로 바꾸는 것 등을 들었다. 가능하면 한자말을 버리고 그 자리에 순우리말을 심자고 주장했다.

그렇다고 그가 한자말을 모두 없애자는 것이 아니었다. 더 친근하고 더 쉬운 우리말로 고쳐쓰는 것이 바람직하다고 생각했기에 일본시 한자말은 빼내고 토박이말로 바꿔야 한다고 주장했던 것이다. 가령 '수형手形'은 '어음'으로, '명도明渡'는 '비워주기' 등으로 말이다.

둘째, 가급적 봉건적 찌꺼기 한자말은 평민적 순우리말로 바꿔야 한다고 강조했다. 가령 '건곤乾坤'은 '하늘과 땅'으로, '돈아豚兒'는 '자식' 또는 '제자식'으로, '앙양하다'는 '돋구다' 등으로 바꾸어야 한다고 것이다.

셋째, 순우리말을 이유 없이 한자말로 쓰지 말자는 것이다. 즉 '생각하다'를 '생각生覺하다'로 쓰거나 '생기다'를 '생기生起다' 등으로 쓸 필요는 없다는 것이다.

말과 글을 쉽게 하는 것이 국민의 지적수준을 높이는 근본 도리이기 때문에 일반 다수 대중의 행복을 추구하는 민주주의스러운 말과 글자는 그러해야 한다는 것이다. 쉽게 쓰자는 것은 어려운 말일수록 가치가 있다는 심리를 버려야 한다는 가치관의 혁신을 뜻한다고 봤다. '부친父親, 가친家親, 엄친嚴親, 엄부嚴父, 춘부장春府丈' 등을 그 예로 들었다.

또 그는 정신활동의 산물인 말과 글을 바르게 함은 그것을 소중히 여기는 도리라면서 그것들을 바르게 하지 않고서는 고귀한 사명을 달성할 수 없다고 했다. 말을 바르게 한다는 것은 대중말인 표준말과 표준 발음을 잘 쓰며, 맞춤법에 맞도록 써야 한다는 것이다. 나아가 그는 말과 글을 문화의 재물로 인식했다. 이에 말과 글을 풍부하게 함은 정신적·물질적 생활을 풍부히 만드는 것이라고 했다. 그뿐만 아니라 낱말의 내용이 풍부해야 하고 낱말의 수 또한 많아야 한다고 주장했다.

마지막으로 그는 깨끗하고 쉬우며, 바르고 풍부한 말과 글을 널리 써야 하며, 법률, 법령, 공문서, 설교문, 예식문, 교수, 일상생활에서 모든 사람이 우리말글을 옳게 널리 써야 한다며 온 세계에 우리말글이 퍼지도록 해야 한다고 했다.

국어사전 『큰사전』 편찬

최현배는 조선어학회가 주도한 『큰사전』 편찬에도 힘을 쏟았다. 이것이 가능했던 것은 1942년 10월 이래 만 3년 동안 일제에 압수되었던 '우리말광' 원고의 전부가 고스란히 조선어학회의 손으로 들어왔기 때문이었다. 이 원고는 수십 년 동안 이윤재의 주도하에 최현배와 이극로의 노력으로 완성되었는데, 모두 합치면 6천여 매에 달할 정도의 분량이었다. 그런데 해방 후 '우리말광' 원고는 행방이 묘연했다. 함흥지방법원의 1심 판결에 불복한 최현배, 이극로, 이희승, 정인승 등이 경성고등법원에 상고하자 원고도 강원도 홍원에서 서울로 보내졌는데 그 이후 종적을 감춘 것이었다. 최현배, 이극로, 이희승, 정인승 등은 석방되어 서울로 돌아오자마자 전력을 다하여 『우리말광』 원고를 찾았지만 허사였다. 매우 염려하고 있던 차에 1945년 10월 2일 2년 만에 서울역 안에 있는 조선운송주식회사 창고에서 원고 뭉치를 발견했다. 만약 상고하지 않았

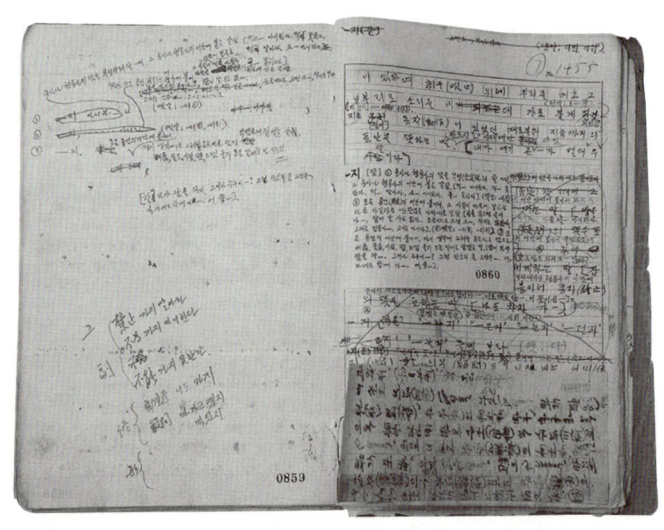

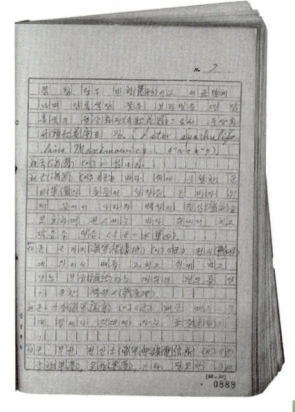

일제에 압수됐던
『조선말 큰사전』 원고

더라면 찾을 수 없었을는지도 모를 일이었다. 이후 사전편찬은 탄력을 받았다.

『큰사전』 원고를 더 보충하여 첫째 권이 1947년 10월에 출간되었다. 이는 1929년 조선어사전편찬회가 발족한 이래 18년 만의 일이었다. 1948년 최현배가 미국 록펠러Rockefeller재단의 후원을 얻어내 사전편찬 작업을 계속하여 1949년 5월에 둘째 권이 나왔다. 그는 1948년 9월 문교부를 그만둔 상태였지만, 그의 주선이 큰 역할을 한 셈이었다. 이어 셋째 권은 조판 교정이 끝나는 대로 인쇄를 서둘러 1950년 6월 1일 제본 중이었고, 넷째 권 조판

『조선말 큰사전』 제1권과 제2권

을 끝낼 무렵이었다. 그런데 그만 6·25전쟁이 터지고 말았다. 그는 피난길이 막혀 서울에서 석 달 동안 은신하면서 지냈다. 어렵사리 을지로 1가에 마련했던 한글학회의 회관이 폭격으로 무너지고 소중한 장서가 사라지고 말았다.

『조선말 큰사전』 6권(1947~1957)

이런 상황 속에서도 한글학회 회장이었던 최현배는 자료를 간수하기에 최선을 다했다. 그는 『큰사전』 편찬 자료들을 혜화동 자신의 집 마당으로 가져와 독을 묻고 그 속에 감추었다. 1950년 9·28수복 후 회원들과 다시 만나 『큰사전』 편찬을 준비했지만, 중국군의 참전으로 다시 전

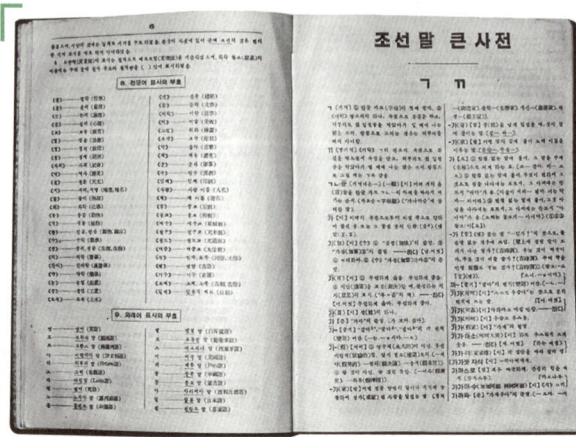

「큰사전」 내용

「우리말 큰사전」

『큰사전』 완간 기념(1957. 10)

세가 역전되었다. 그는 유재한과 더불어 『큰사전』 원고의 부본을 만들었다. 그중 한 벌은 유재한의 고향인 천안에 숨기고, 다른 한 벌은 최현배가 부산 동래의 추월영의 집에 보관했다. 추월영은 최현배의 동래고보 제자로, 당시 부산고등학교 교장으로 재직하고 있었다.

1952년 4월 최현배는 문교부 편수국장으로 재임할 당시 록펠러재단에 원조를 간청했다. 이에 재단의 파스 박사Dr. Faths와 학교 측의 김윤경·김선기 등과 백낙준 문교부 장관, 최규남 문교부 차관이 협의하여 『큰사전』 여섯 권이 완성될 때까지 지원해주기로 합의를 이끌어냈다. 그 뒤 1952년 12월 록펠러재단으로부터 3만 3천 달러어치의 물자원조를 확약받았다. 하지만 백낙준이 물러나고 김법린, 이선근 등이 문교부 장관을 역임하면서 이승만 대통령의 '한글간소화' 정책에 의한 한글파동이 불거지고 말았다. 이에 록펠러재단의 원조도 중단되었다.

한글간소화 안이 철회된 이후 1956년 4월 다시 록펠러재단으로부터 3만 6400달러의 원조를 받아 그동안 중단되었던 『큰사전』 편찬이 계속되었다. 그 결과 1957년 6월에 다섯째 권이, 뒤이어 그해 8월에 넷째 권이 발행되었다. 마지막 여섯째 권은 그해 10월 9일에 맞추어 나옴으로써 민족문화의 숙원이 이루어졌다. 『큰사전』은 순우리말, 한자말, 외래어, 관용어, 사투리, 은어(변말), 곁말을 비롯하여 고유명사, 전문어, 제도어, 고어(옛말), 이두 등 총 164,125개의 어휘를 수집하여 국어로 뜻풀이를 했다. 사전편찬을 시작한 지 28년 만에 이룬 쾌거였다.

최현배는 『큰사전』 편찬의 발기인으로 시작하여 편찬사업촉진 상임위원, 표준말 사정위원 등을 두루 거치면서 다른 한글학자들과 더불어 항상 그 이론적 뒷받침을 마련하고 그 이론을 실천하는 데 앞장섰다. 『큰사전』이 완간되자 그는 한글학회의 이사장으로서 『큰사전』 여섯째 권 끝에 「『큰사전』의 완성을 보고서」라는 글을 실었다. 이 글에는 감회와 그동안의 경위, 심신의 정력을 기울인 이들과 사업에 정력을 다한 여러 사람에 대한 고마움, 뒷사람에게 하는 부탁이 담겨 있다.

그는 이에 그치지 않고 『큰사전』의 보유를 위하여 1967년부터 1970년 세상을 떠날 때까지 직접 카드를 만드는 정성을 보였다. 이에 한글학회는 최현배의 뜻을 잇고자 『큰사전』을 고치고 보태어 1991년 12월 『우리말 큰사전』을 펴내기 시작하여 1992년 2월 4권을 완간했다.

대한민국 정부 수립과
'한글전용법' 공포

1948년 7월 17일 국회의사당에서 한글로 적힌 대한민국 헌법이 공포되었다. 헌법의 한글쓰기는 조선어학회의 바람이기도 했다. 최현배는 이 소식을 듣고는 "이제, 조국 재건의 마당에, 그 헌법을 한글로 으뜸을 삼고, 한자는 곁들이기로 작정되고, 이 앞으로 나오는 법률 명령을 모두 이와 같이 하기로 작정되었으니 이 어찌 우연한 일이라 할 수 있으랴?" 하며 반겼다. 이에 조선어학회는 국회에 고마움의 뜻을 전했다.

최현배는 이를 기회로 1948년 7월 18일 조선어학회 이사회를 긴급 소집했다. 이 자리에서 한글을 국자로 정하고 일반 공용문서를 한글전용으로 한다는 제안을 만장일치로 결의했다. 부수 안건으로는 ① 건의문을 기초하는 일은 장지영 이사가 맡고, ② 각 신문에 전용법 제정을 촉구하는 성명서의 기초는 이희승 이사가 맡기로 했다. 이렇게 하여 기초된 건의문은 1948년 7월 24일 조선어학회의 이름으로 국회 문

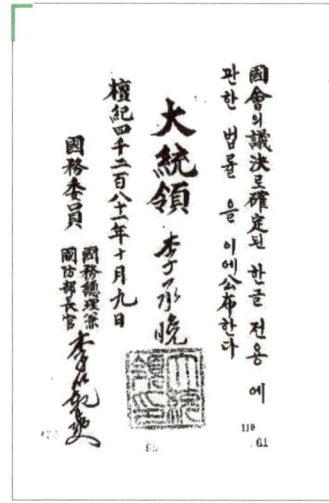 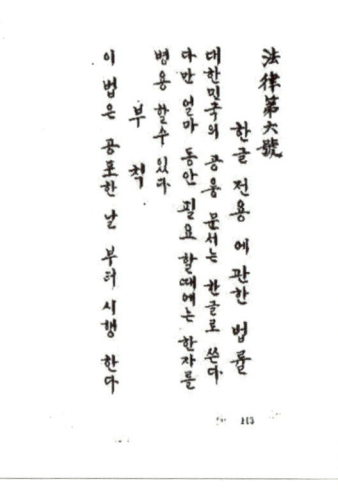

한글전용에 관한 법률 공포(1948. 10. 9)   법률 제6조 한글전용에 관한 법률

교·후생위원회에 제출되었다.

한편 1948년 8월 15일 미군정이 3년 만에 물러나고, 대한민국 정부가 수립되었다. 따라서 1948년 9월 최현배도 편수국장 임기를 마쳤다. 그는 1948년 10월부터 1949년 9월 한글학회 이사장에 취임할 때까지 조선어학회 상무이사로 활동했다. 학자로 돌아온 최현배는 『큰사전』 편찬을 준비하는 한편, 제헌국회를 상대로 한글전용법 제정을 위해 노력을 아끼지 않았다. 그 결과 1948년 9월 29일 국회의원 권태희 외 138명이 연서한 「한글전용법안」이 제출되었고, 바로 다음 날 '한글 전용에 관한 법률'이 국회에서 131명 중 86명의 찬성을 얻어 가결되었다.

최현배는 10월 1일 오후 7시에 긴급 임시이사회를 열었다. 이때 한글전용법을 널리 펼치기로 결의하고 실제 효과의 촉진을 위해 성명서를

한글학회·한글전용촉진회의 "한마음 한뜻으로 한글만 쓰자"는 표어를 붙인 트럭

작성하는 한편 장지영, 이중화 등과 함께 언론기관을 예방하기로 했다. 또 그는 이승만 대통령에게 한글전용법 공포를 한글날에 맞추어 거행했으면 한다는 건의서를 제출했다. 마침내 그의 건의가 받아들여져 10월 9일 한글날을 기념하여 "대한민국의 공용문서는 한글로 쓴다. 다만 얼마 동안 필요한 때에는 한자를 병용할 수 있다"는 법률 제6호 한글전용법이 공포되었다. 이는 법률 제1호가 정부조직법이고, 제5호가 국회법이었던 것으로 보아 한글전용법은 매우 신속하게 제정된 셈이었다. 교육법은 1년 3개월이 지난 1949년 12월 31일에 공포되었다.

그렇다고 한글전용이 완전히 실현된 것은 아니었다. 한글전용법이 단지 공문서에 한해 적용된 데다가 한자를 혼용할 수 있도록 한 단서 조항

한글 발표 503주년을 맞아 한글학회와 한글전용촉진회의 왜식간판일소 운동 전개
(『경향신문』 1949년 10월 9일자)

도 있었기 때문이었다. 더구나 문교부 외의 정부 각 기관에서는 한글전용에 대한 노력을 기울이지 않았다.

한글전용법이 공포된 지 1년이 넘도록 별다른 진척이 없자, 최현배를 비롯한 조선어학회 회원들은 이를 주도할 기관이 없기 때문이라는 결론을 내렸다. 이에 1949년 5월 25일 이사회는 한글전용법을 실천할 수 있는 민간기구로 '한글전용촉진회'를 조직했다. 1949년 6월 12일 창립된 한글전용촉진회의 위원장은 최현배, 부위원장은 정인승과 이희승이었다. 총무부와 보급부를 두고, 전국 각지에 지회와 분회를 만들었다. 한글전용촉진회는 ① 국어교육 및 문화의 향상 발전에 관한 조사 연구, ② 한글의 보급 및 전용, 국어정화에 관한 실천운동, ③ 한글 지도를 위한 강연회·강습회의 계획, ④ 기관지 및 출판물 간행, ⑤ 그 밖에 본 회의 목적을 이룸에 필요한 일 등을 하기로 했다.

이에 힘입어 1949년 10월 한글날 서울에서는 각 대학 학생들이 적극적으로 나서서 시내 음식점의 '스시, 우동, 스키야게, 소바, 간스메, 오뎅' 등과 같은 왜식 명칭의 음식명을 각각 '초밥, 가락국수, 전골, 메밀국수, 봉조림, 꼬치안주' 등으로 바꿔주었다. 나아가 한글전용촉진회에서는 공문서의 한글쓰기뿐만 아니라 교과서의 한글만 쓰기 운동을 벌였고, 철도역 이름과 음식점 차림표, 관청과 상점 간판의 한글화, 바른 맞춤법 쓰기 운동도 전개했다.

  이러한 노력에도 불구하고 실질적인 성과를 거두지는 못했다. 1949년 9월 문교부가 초등학교 교육에서 간단한 한자를 교수하도록 하되, 구체적인 방법은 문교사회위원회에 맡겨 실행하도록 했기 때문이다. 1949년 11월 5일에는 국회의원 25명이 제출한 「교과서에 한자 사용 건의안」이 긴급 건의안으로 채택되었다.

  그 뒤 1950년 6·25전쟁이 발발하면서 3, 4년 동안 한글전용촉진회는 이렇다 할 활동을 보여주지 못하고 유야무야 역사 속으로 사라지고 말았다. 다만 '한글만 쓰기 운동'의 정신은 계속 이어졌다. 이런 가운데 1951년 9월 문교부에서는 실용한자 1,000자를 제정, 공포했다. 1952년 한글날 경향신문사에서는 신문에 쓰는 한자를 스스로 제한하기 위해 '경향신문 사용 한자' 1,526자를 제정했다.

  문교부는 '한글간소화파동'이 마무리되자, 1957년 11월 18일 한글전용의 과도적 조치로 신문·잡지·일반 간행물·행정상 흔히 쓰는 한자를 선정한 1,300자를 '임시 허용 한자'로 명칭을 바꿨다. 한자 폐지를 전제로 한 것이었다. 연속선상에서 1957년 12월 국무회의에서 '한글전용 실천 요강'이 의결되었고 이후 1958년 1월부터 이를 시행했다. 이에 따르면 다음과 같다.

① 공문서는 반드시 한글로 쓴다. 그러나 한글만으로 알아보기 어려운 말에는 괄호를 치고 한자를 써 넣는다.

② 각 기관에서 발행하는 간행물을 반드시 한글로 한다.

③ 각 기관의 현판과 청내 각종 표지는 모두 한글로 고쳐 붙인다. 특히 필요한 경우에 한하여 한자나 다른 외국어를 쓴 현판 표시를 같이 붙일 수 있으되 반드시 한글로 쓴 것보다 아래로 한다.

④ 사무용 각종 인쇄 및 등사도 한글로 한다.

⑤ 각 기관에서 사용하는 관인 기타 사무용 각종 인은 한글로 하고, 이에 필요한 경비는 각 부에서 부담한다. 관인 조처의 상세한 것은 따로 정한다.

⑥ 각 관공서는 그 (소관) 감독 밑에 있는 사사 단체에 대해서도 위의 각 항목에 따르도록 한다.

한글촉진운동 전개와
편수국장 임명

1949년 6월 한글전용촉진회가 창립한 직후 10월 2일 조선어학회는 학회 이름을 '한글학회'로 고쳤다. 한글학회와 한글전용촉진회는 왜식 간판 일소 선전에 박차를 가하여 '덴부라'를 '튀김'으로, '우동'을 '가락국수'로, '양복지'를 '양복감'으로 고쳐 발표했으며, 대학생들과 함께 거리를 돌며 가두 계몽 방송을 하고 전단을 뿌리는 등 음식점의 차림표를 '우리말 도로 찾기'에 따라 바꾸어주는 운동을 전개했다. 하지만 일본어를 일시에 척결하는 것은 쉬운 일이 아니었다. 해방 후 3, 4년이 지났지만 여전히 일본어가 사용되었고 심지어 창씨 문패, 일본식 상점 간판이 그대로 걸려있기도 했다.

이 무렵 일부 국회의원들이 「교과서의 한자혼용(안)」을 국회에 제출하는 등 한글전용이 크게 위협을 받았다. 일부 언론과 학계에서도 이들을 거들었다. 최현배는 직접 국회에 들어가 한글전용을 관철하고자 했다. 1950년 5월 30일 실시한 제2대 총선거에 고향인 울산(을구)에서 무소속으로 입후보했으나 청빈한 학자에게는 돈도, 정치적 배경도 없었다. 낙선이었다.

가족과 함께 부산에 피란한 뒤 제주로 가려고 하다 1951년 1월 이승만 대통령으로부터 국민학교 교과서를 만들어 달라는 부탁을 받고 다시 문교부 편수국장에 임명되었다. 이때 그는 6·25전쟁으로 인한 책임을 지고 한글학회 이사장직을 그만둔 상태였다. 당시 그는 연구활동을 이유로 편수국장직을 사양했지만, 전란 시기에 없어진 교과서를 만드는 일도 시급하다고 여겨 이 제안을 수락했다. 부산 피난지에서의 일이었다. 그로부터 그는 1954년 1월까지 이승만 정부에서 편수국장을 지냈다.

당시 그의 업적을 꼽으라면 「한글날 노래」의 노랫말을 지은 것이다. 이미 해방 직후 조선어학회 간사장 이극로가 노랫말을 짓고, 채동선이 곡을 붙인 「한글 노래」가 불리기 시작해 1949년 한글날 기념식에서도 식가로 불렸다. 하지만 이극로가 1948년 4월 평양에서 열린 '전조선정당사회단체 대표자연석회의(남북연석회의)'에 김구, 김규식 등과 함께 남측 정치단체 대표의 한 사람으로서 참가한 뒤에 그곳에 눌러앉은 데다 1948년 9월 출범한 북한정권의 무임소장관에 임명되었다. 더욱이 6·25전쟁이 터지면서 그가 작사한 「한글 노래」는 더 이상 불리기 힘들었다. 이에 1951년 10월 기념식에서는 한글학회 이사장 최현배가 작사하고 박태현이 작곡한 「한글의 노래」(현재 한글날 노래)가 새롭게 불렸다.

한글날 노래

강산도 빼어났다 배달의 나라
긴 역사 오랜 전통 지녀온 겨레
거룩한 세종대왕 한글 펴시니
새 세상 밝혀주는 해가 돋았네
한글은 우리 자랑 문화의 터전
이 글로 이 나라의 힘을 기르자

볼수록 아름다운 스물넉 자는
그 속에 모든 이치 갖추어 있고
누구나 쉬 배우며 쓰기 편하니
세계의 글자 중에 으뜸이도다
한글은 우리 자랑 민주의 근본
이 글로 이 나라의 힘을 기르자

한겨레 한맘으로 한데 뭉치어
힘차게 일어나는 건설의 일꾼
바른길 환한 길로 달려 나가자
희망이 앞에 있다 한글 나라에
한글은 우리 자랑 생활의 무기
이 글로 이 나라의 힘을 기르자

6·25전쟁 중에 다시 문교부 편수국장에 취임한 최현배는 전쟁으로 흐트러진 국민교육의 재건에 힘을 쏟는 한편 연구도 게을리 하지 않았다. 이때 저술한 책이 『우리말 존중의 근본 뜻』(1951)과 『민주주의와 국민도덕』(1953)이다. 전자는 청년시절부터 관심을 기울였던 해석학적 언어철학을 6·25전쟁 당시 부산 피난이 계기가 되어 체계화한 것이다. 최현배는 『우리말 존중의 근본 뜻』이 『한글갈』과 『글자의 혁명』에 뒤이어 나온 세 번째의 유언장이라고 했다. 이를 통해 그의 민족사랑, 나라사랑에 대한 집념이 어느 정도였는가를 엿볼 수 있다. 그 뒤에 펴낸 『민주주의와 국민도덕』은 『조선민족 갱생의 도』 집필 시절부터 가슴에 품어오던 자신의 사회사상을 발전시킨 것이다. 최현배는 동서고금의 역사에서 한 민족이나 한 나라의 흥망성쇠는 그 나라 국민 스스로가 지은 원인에 따른 결과이라고 보았다. 그는 로마와 한양 조선의 흥망사를 그 예로 들었다. 국민의 생기가 충실하고 도의심이 굳세고 창의력이 왕성해야만 그 나라가 흥성할 수 있다고 하였다. 그런데 광복과 분단, 그리고 6·25전쟁을 맞아 우리의 도의심이 극도로 문란해졌다고 보고 이를 걱정하며 지은 책이다.

최현배는 해방 전에 집필한 저술에서는 당시의 일반적인 용법을 쫓아 '조선어'라는 용어를 썼는데 6·25를 지나면서부터 '배달말'이라는 말을 쓰기 시작했다. 배달말을 우리 민족의 상징으로 본 것은 배달말이 우리 민족을 대외적으로 드러내는 중요한 보람이 된다는 뜻이었다. 그리고 이를 배달정신의 표현으로 보고 배달문화의 총목록으로 해석한 것은 배달말에 민족정신이 반영되고 민족문화가 결집되어 있다는 뜻이다.

최현배는 해방 뒤에는 한자폐지와 가로풀어쓰기를 주축으로 하는 문지개혁이론을 정립했고, 6·25전쟁을 겪으면서는 해석학적인 언어철학과 국민도덕의 앙양을 위한 사상체계의 전개에 관심을 기울였다. 그는 이러한 일들을 수행하면서도 『우리말본』을 시대적 요청에 맞도록 고치고 깁는 일을 게을리하지 않았다. 『우리말본』 고침판은 전면적인 개고가 아니라 부분적인 수정과 보완을 거친 것이다. 하지만 이 책은 전쟁으로 말미암아 햇빛을 보지 못했다. 거의 완성될 무렵에 수정판 『우리말본』의 지형이 6·25전쟁 당시 타버렸기 때문이었다. 이에 그가 다시 보완을 거쳐 1955년 2월 출판한 것이 고침판 『우리말본』이다.
　『우리말본』 고침판은 본래 책이름이 『깁고 고침 우리말본』이다. '초판본'과는 달리 가로쓰기로 했으며 한글전용으로 되어 있고 한자는 괄호 안에 넣었다. '초판본'에는 첫째 매의 '머리말'이 본책 '머리말' 다음에 붙어있었는데, '고침판'에서는 삭제했다.
　최현배는 1948년까지 1938년에 펴낸 『말본 개정판』의 지형을 살려 중판을 거듭하다가 1948년 1월 고급용 『조선말본』을 펴내고 그해 3월에는 초급용 『중등조선말본』을 펴냈다. 당시 중등학교라 함은 해방 후에 바뀐 6년제 중학교를 가리킨다. 이름을 『조선말본』으로 고치고 가로쓰기를 했는데, 무엇보다 큰 변화는 한글전용의 태도를 취한 점이다. 한자가 필요할 때에는 괄호로 묶어 제시했다.

'한글간소화파동'과 반대 투쟁

그가 편수국장에 있을 때 현행 맞춤법이 너무 어려우니 이를 폐지하고 「한글맞춤법통일안」 이전의 옛 철자법으로 고치라는 이승만 대통령의 지시가 내려졌다. 1953년 4월 이른바 '한글간소화파동'이 일어났다. 1953년 4월 27일 백두진 국무총리는 훈령 제8호 「국문철자법에 관한 건」을 공포하여 정부 각처에 공문서와 교과서를 작성, 제작할 때 행 맞춤법을 폐지하고 구 철자법에 따라 작성하도록 지시했다. 한글간소화 방안이 발표된 것이다. 비록 총리 훈령이었지만 실은 대통령 이승만의 의지에 따른 조처였다. 훈령 제8호 「국문철자법에 관한 건」의 내용은 다음과 같다.

우리 한글은 원래 사용의 간편을 안목眼目으로 창조된 것은 주지의 사실이온데, 현재 사용하고 있는 철자법은 복잡불편한 점이 불소不少함에 비

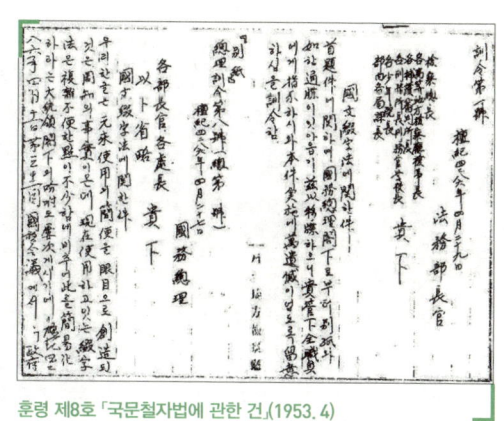

훈령 제8호 「국문철자법에 관한 건」(1953. 4)

추어 차此를 간이화簡易化하라는 대통령 각하의 분부도 누차 계시기에 단기 4286년 4월 11일 제32회 국무회의에서 정부문서, 정부에서 정하는 교과서, 타이프라이터용 철자는 간이한 구철자법을 사용할 것을 의결하였던 바, 그중 교과서, 타이프라이터에 대하여는 준비상 관계로 다소 지연훈령 제8호 「국문철자법에 관한 건」되더라도 정부용 문서에 관하여는 즉시 간이한 구철자법을 사용하도록 함이 가하다고 사료되오니 이후 의 차依此 시행하기 훈령함.

당시 이승만 대통령은 이전부터 몇 차례 담화를 통해 철자법에 대한 자신의 의견을 피력하곤 했다. 그는 1948년 10월 9일 한글날 담화에서 한글간소화에 대한 문제를 처음 제기했다. 그다음 해에도 그는 한글날을 맞아 통일안의 부당성을 담화 형식을 통해 밝히기도 했다. 이어 그해 11월 27일에는 다시 담화를 통해 철자법을 구한말에 쓰던 법대로 고

교육용어법안 국회 상정, 철자법 사용이 골자(『경향신문』 1953년 5월 24일자)

칠 것을 강조하기까지 했다. 6·25전쟁 기간에도 그는 기자회견을 통하거나 문교부장관에게 철자법을 개정하라는 지시를 내리기도 했다. '국문'을 쓰는데 '한글'이라고 해서 편한 말을 불편케 하고 속기할 수 있는 것을 더디게 하여 획과 음을 중첩하는 것은 시대에 맞지 않다는 것이다. 나아가 그는 신문이나 다른 문화 사회에서 정식 국문이라 쓰는 것을 보면, 이전 것을 개량하는 대신 도리어 쓰기도 더디고 보기도 괴상하게 만들어 퇴보한 글을 통용하고 있다고 비판했다.

실제 이승만은 귀국 당시 자신이 연설문을 직접 챙겼는데, 그의 문체는 예전의 『성경』에서나 볼 수 있는 것이었다. 더욱이 그는 조선어학회의 「한글맞춤법통일안」에 맞추어 작성된 신문을 읽는 데도 자주 짜증을 낼 정도로 한글을 읽어 내려가지 못했다. 언젠가는 비서들이 그가 쓴 문장에 대해 "옛날이니 고치시라"는 조언을 하면 "자네가 유식하니 자네가 내 대신 대통령을 하게! 나는 무식해서 그래!"라면서 종이를 내팽개치며 화를 냈다고 한다. 1950년 2월 기자회견장에서 이승만은 "바침에 있어 'ㅅ'을 둘씩이나 쓸 필요가 있느냐"며 이를 고쳐야 한다고 말했다. 그는 '잇다'와 '있다', '빗'과 '빛'이 뭐가 다른지 반문하기까지 했다.

조선어학회가 1933년 10월 제정한 「한글맞춤법통일안」은 1945년 8월 해방 이후 자연스럽게 수용되었다. 당시 문맹률이 높았던 상황에서 이러한 표기법은 다양한 방식으로 교수되었다. 미군정의 문교부를 대신한 조선어학회는 어문정책을 담당하면서 강습회를 열어 한글을 가르쳤고, 1946년 9월에는 『개정한 한글맞춤법통일안』을 펴냈다. 사이시옷은 1933년 규정을 다시 따르게 되었고, 띄어쓰기에 대해서도 약간의 손질도 가해졌다. 골자는 다음과 같다.

1. 한글맞춤법은 표준말을 그 소리대로 적되, 어법에 맞도록 함으로써 원칙을 삼는다.
2. 표준말은 대체로 현재 중류사회에서 쓰는 서울말로 한다.
3. 문장의 각 단어는 띄어쓰되, 토는 그 윗말에 붙여쓴다.

「한글가로쓰기」(『동아일보』 1954년 1월 27일자)

뜻밖의 한글간소화 방안은 사회를 혼란에 빠뜨렸다. 정부에서 공권력을 통해 이를 막무가내로 실행하려고 하자 전국문화단체총연맹과 신문과 잡지, 교육계, 지식층, 종교계, 한글학회 등에서는 맹렬한 반대 운동을 적극적으로 벌였다. 문명의 진보와 퇴보를 두고 양쪽이 첨예하게 대립했다. 국가 권력과 학문의 대결일 뿐만 아니라 독재정권과 민주세력 간의 싸움이기도 했다.

사태가 이렇게 전개되자 최현배는 분노를 참기 어려웠다. 최현배는 자신이 공무원 신분임에도 불구하고 한글간소화 정책에 대해 분개하면서 거세게 반대했다. 1953년 7월 7일 문교부는 철자법 문제를 해결하고자 최현배 등 50명으로 '국어심의위원회'를 구성했다. 이때에 최현배는 1953년 7월 『수도평론』에 「한글맞춤법은 과연 어려운가」라는 글을 발표하여 이 정책을 반박했다.

1953년 10월 1일 개최된 제1차 국어심의위원회에서는 현행 철자법을 대폭 수정해 구 철자법으로 환원시킬 가능성은 전혀 없으며, 다만 현행 철자법을 다소 수정하는 정도로 그칠 것이라는 의견이 제기되는 등 반발이 거셌다. 11월 19일 한글간소화 논쟁이 뜨거운 가운데 국어심의위원회 한글분과위원회가 열렸다. 이 자리에는 최현배를 비롯하여 박종화, 이숭녕 등 13명이 참석했다. 이날 A안 '조선어학회의 한글맞춤법'과 B안 '구 철자법 개정안'에 대한 최종 표결 결과 A안이 13표를 얻어 논쟁은 일단락되었다. 그런데 1953년 12월 29일 마지막 한글분과위원회 회의에서는 다소 엉뚱하게 한글간소화 방법은 한글을 가로풀어쓰는 데 있다는 결론을 내렸다.

정부는 뜻밖의 결론이 내려지자 이를 즉각 거부했다. 이 안은 '모아쓰기'라는 세종 정신에도 어긋나는 것이어서 학계에서도 수용할 수 없는 것이었다. 그러자 1954년 1월 21일 최현배는 문교부 편수국장직을 사임하고 이에 대한 반대운동에 적극적으로 나섰다. 최현배는 한글간소화 방안의 하나로 채택된 '한글 가로쓰기'와 관련한 내용의 글을 1954년 1월 27일부터 31일까지 5회에 걸쳐 『동아일보』에 연재했다. 서울대 공과대학 강사이자 목사인 서창제는 『동아일보』에 쓴 칼럼에서 「한글맞춤법통일안」을 우리말의 '대전범大典範'이라 극찬하면서 평생을 언어학과 성음학 등의 연구에 바친 최현배와 김선기, 김윤경 등을 음운학 규정을 세우고자 했던 성삼문에 비견하기도 했다.

이렇게 한글간소화 방안이 반대 부딪히자 이승만은 한글학회 주관으로 록펠러재단의 지원을 받아 추진하던 『큰사전』의 간행을 방해하는 등 반민족적인 모습을 보였다. 정부에서 나서서 록펠러재단 측이 『큰사전』의 발행을 돕지 못하도록 한 것이었다. 최현배는 사전이란 맞춤법 문제에 있는 것이 아니라 '말'을 보존하자는 데 있다고 항변했지만 소용이 없었다. 결국 록펠러재단은 "그 나라 정부가 반대하는 경우에는 돕지 않는다"는 헌장에 따라 『큰사전』 발행 지원을 백지화했다.

1954년 3월 27일 이승만 대통령은 특별담화를 통해 "철자법을 바삐 교정해야 후폐가 되지 않고, 더 어렵게 만든 철자법을 더 이상 포용할 수 없다며 석 달 이내에 교정할 것"을 명령했다. 4월 18일 한글학회는 이에 맞서 「구 철자법으로 환원하는 것은 부당하다」는 성명서를 발표했다. 이에 따르면 권력에 의한 철자법 개정은 천만부당하고, 반대에도 불구하고 이를 강행하는 것은 민주정신의 위반이라며 구 철자법으로의 환원을 강경하게 반대했다.

하지만 이러한 여론을 무시하고 그해 7월 3일 이승만의 지시에 따라 문교부 이선근 장관은 공보처와의 공동명의로 「표기법간소화공동안」을 국무회의에서 무수정으로 통과시키고 이를 정식 발표했다. 이 발표를 통해 "현행 철자법을 실용의 편의와 학리상의 이유와 문자에 대한 역사적 미감을 살리어 다음 3개 조항에 의하여 간이화를 하기로 했다"고 밝혔다. 이 방안은 1921년 일제가 채택했던 「보통학교용 언문철자법」, 「보통학교용 언문철자법대요」와 유사한 표기안이었다. 이는 전적으로 조선어학회의 「한글맞춤법통일안」에 대한 부정이었다. 정부의 한글간이화 3개 조항은 다음과 같다.

1. 받침은 끝소리에서 발음되는 것에 한하여 사용한다. 따라서 종래 사용하던 받침 가운데 'ㄱ, ㄷ, ㄹ, ㅁ, ㅂ, ㅅ, ㅇ, ㄺ, ㄻ, ㄼ' 등 10개만을

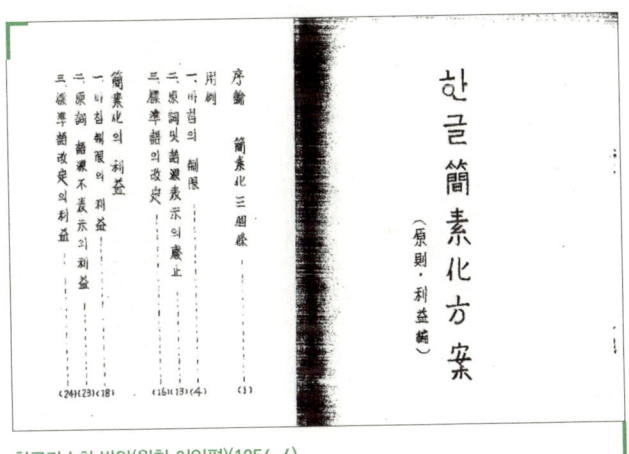

한글간소화 방안(원칙 이익편)(1954. 6)

허용한다. 다음 받침으로 사용될 때의 'ㅅ'의 음가는 'ㄷ'의 음가를 가지는 것으로 하고 'ㄷ'은 받침으로 아니 쓴다.
2. 명사나 어간이 다른 말과 어울려서 딴 독립된 말이 되거나 뜻이 변할 때에 그 원사原詞 또는 어원語源을 밝히어 적지 아니한다.
3. 종래 인정되어 쓰이던 표준말 가운데 이미 쓰이지 않거나 또는 말이 바뀐 것은 그 변천된 대로 적는다.

이는 표음식도 표의식도 아닌 비과학적 비문법적일 뿐만 아니라 학자를 배제한 행정 독단의 비민주적 절차에 따른 제정이라는 비난이 빗발쳤다. 최현배는 다음과 같이 비판했다.

왜정시대 우리 민족문화를 말살하려 그렇게 애썼던 왜인들도 한글맞춤

한글간이화의 이유, 문교부 발표(상)
(『경향신문』 1954년 7월 10일자)

법의 과학성을 무시할 수 없어 교과서에도 그대로 살리게 한바 있었는데, 새삼스레 학리에 닿지도 않은 철자법을 강요한다는 것은 대담무쌍한 일이다. 이러한 짓은 비단 한글 문제뿐만 아니라 모든 국가 정책 수행에 있어 지대한 영향을 줄 것이다. 왜냐하면 옳지 못한 것을 국민에게 강요한다는 것은 곧 정부에 대한 국민의 신임성을 잃게 되기 때문이다. … 한글간소화의 폐해는 첫째 줄기(어간)와 끝(어미)이 구별이 안 되며, 둘째 이름씨(명사)와 토(조사)가 구별되지 않아 생각을 나타내는 관념을 포착하기 힘들게 된다며, 이런 학리에 맞지 않는 것을 학생들에게 가르칠 적에 어떤 체계와 근거 밑에 가르쳐야 할까? 우리의 문화생활을 파괴하게 될 것이다.

그럼에도 불구하고 정부는 간소화 3개조, 용례, 부록 등을 실은 『한글간소화 방안(원칙·이익편)』을 1954년 6월 9일 성안成案하고, 7월 2일 국무회의에서 통과시켰다. 학계 등의 반발이 여전히 거세자 7월 9일 다시 『한글간소화 방안(이유편)』을 펴냈다.

한편 한글학회는 7월 3일 긴급이사회를 개최하고, 이어 7월 7일 성명서를 발표했다. 교육을 파괴하고, 학문적·과학적·철학적 표현을 할 수 없고, 문법을 세울 수 없으며, 문필가가 실용문을 쓰기도 어렵다는 요지의 성명서를 통해 국가의 장래와 민족문화의 발전을 위하여 하루바삐 간소화 안을 철회하라고 요구했다. 당시 서울대학교 신문사에서 행한 여론조사 결과도 정부 방안보다 현행 철자법, 즉 한글맞춤법통일안을 92%가 압도적으로 지지하는 것으로 나타났다.

최현배는 7월 8일 연희대학교 국어국문학회에서 주최한 '맞춤법간소화 방안의 비판'이라는 주제로 대학원장인 김윤경과 함께 강연자로 나섰다. 주제가 당대의 최고 관심사였던 만큼 강연회에는 국회의원, 대학교수, 중고등학교 교사, 언론인, 대학생 등 200여 명이 참석했다. 최현배와 김윤경은 한글간소화 방안에 대해 ① 낱말의 고정형이 깨어진 비과학적인 것이고, ② 표음문자의 표의화라는 문자의 이상적인 능률을 깨뜨리는 것이고, ③ 표준어의 개정은 문법과는 별개 문제이라는 점을 지적했다.

이어 7월 11일 국회에서는 무소속 동지회가 나서서 국회의사당에서 공청회를 열고, 학자·문필가·교육가·언론인·인쇄업자 등 13명을 불러 강연회를 열었다. 쟁점은 과학적 근거의 빈곤성, 간소화에 따르는 민족문화 붕괴, 방법의 전제성專制性 등이었다. 이 자리에서 정경해·서상덕 등은 찬성표를 던졌고, 최현배를 비롯한 김윤경, 김선기, 이숭녕, 오종식, 이관구, 모윤숙, 조지훈, 이하윤, 김기서, 김창집 등은 반대 입장을 고수했다.

　최현배는 현행 방안과 간소화 방안의 대조표와 표준어의 대조표를 내걸고 조목조목 비판했다. 그는 "'낮', '낫', '낱' 등을 구별하는 사람이면, '나지'로 해야 하나 '나치'로 해야 하나 '나스'로 해야 하나 하나도 모를 것이다"라며 작심한 듯 비판했다. 또 "법만 배우면 쉬운데 문법을 무시한 이번 간소화에도 꿈꾸지 못할 일이다. 낱말도 없어지고 규칙도 없어지고 소리만 내는 글이 되었다"고 탄식했다. 그 뒤에 열린 국회 본회의에서 야당은 한글간소화안에 반대한다는 결의안을 내놓았고, 여당 내의 일부 의원들도 이를 지지했다.

　최현배는 한글간소화 방안에 대해 국회에서 발언한 내용을 '한글간소화안 검토'라는 주제로 1954년 7월 15일부터 7월 18일까지 3회에 걸쳐 『동아일보』에 연재했다. 첫 회에서는 한글간소화 방안에 대해 게으른 사람들의 수작이라 비난하면서 현행 한글은 어려운 것이 아니라고 항변했다. 2회에서는 「한글맞춤법통일안」에 따른 현행 철자 타자기는 만점이라며 이렇듯 이치에 맞는 것을 제약하려 든다고 반문했다. 3회에서는 이 나라의 앞날이 답답할 뿐이며 일제도 학자 의견을 존중했다는 점을 거론하면서 이승만 정권의 한글간소화에 대한 인식을 맹비난했다. 최현배는 "이는 우리 문화의 퇴보를 가져올 것이며 역사의 수레바퀴를 거꾸로 돌리는 어리석은 일"이라는 생각을 담은 반대의 글을 다음과 같이 여러 편 남겼다.

『평화신문』 1954년 3월 8일자, 「한글 간이화 시비」
『새교육』 1954년 5월 1일, 「글자 노릇이 제 바탈로 본 한글 간이회 문제」
『연희춘추』 1954년 7월 17일자, 「한글간소화 안과 나의 견해」
『자유신문』 1954년 7월 18~22일자, 「한글간소화 안의 비평」
『새벽』 1954년 9월 1일, 「강요는 언어도단」

    1954년 7월 발족한 학술원은 국회의 요청에 따라 '한글간소화특별대책위원회'에 내보낼 대표로 최현배(한글학회 이사장), 이숭녕(서울 문리대 교수), 양주동(동국대 교수) 등을 선출했다. 이때 최현배는 우리나라 문화 향상에 역행치 않도록 종전과 같이 적극 주장하겠다는 소신을 밝혔다. 그해 8월 2일에 한글간소화특별대책위원회가 문교부 장관실에서 열렸다. 이 자리에는 국회의원, 정부요인, 학술원 인사 등 8명이 참석했다. 이날 회의는 예비회담 성격을 띠었는데, 출석한 각 위원들에게 한글간소화 방안에 대한 찬반을 묻는 표결권이 주어지는 것이 아니라 각 대표에 한 표를 부여하는 것으로 결정되었다.
    이렇듯 정부의 한글간소화 방안은 학계, 문화계, 일반 여론 어디에서도 환영받지 못하는 처지였다. 이에 정부는 한글간소화 방안을 공식적으로 철회하지는 않았으나 결국에는 정부의 방안을 더 이상 추진하지는 않았다. 1955년 9월 이승만이 더 이상 문제 삼지 않고 민중이 원하는 대로 자유에 맡긴다고 선언하면서 한글파동은 2년 5개월 만에 막을 내렸다. 다음은 이승만의 한글간소화 중단 선언의 일부분이다.

국문을 어렵게 복잡하게 쓰는 것이 벌써 습관이 되어서 고치기가 대단히 어려운 모양이며, 또한 여러 사람들이 이것을 그냥 쓰고 있는 것을 보면 무슨 좋은 점도 있기에 그럴 것이므로, 지금 여러 가지 바쁜 때에 이것을 가지고 이 이상 더 문제 삼지 않겠고, 민중들이 원하는 대로 하도록 자유에 붙이고자 하는 바이다. … 우리나라 사람들의 총명이 특수한 만치 폐단이 되거나 불편한 장애를 주게 될 때에는 다 깨닫고 다시 교정할 줄 믿는 바이므로 내 자신 여기 대해서는 다시 이론을 붙이지 않을 것이다.

-『서울신문』 1955년 9월 20일자

교수로의 복귀와
학교문법 논쟁

최현배는 1954년 1월에 편수국장을 그만두고, 그해 4월 61세에 연희대학교(1957년에 연세대학교로 개명)로 돌아가 다시 교수로 취임했다. 흥업구락부사건으로 교단을 떠난 지 16년만의 일이요, 조선어학회사건으로 다시 연희전문을 떠난 지 12년 만의 복직인 셈이었다. 같은 해 9월 17일에는 문과대학장이었던 정석해 교수가 도미하는 바람에 그 자리에 앉게 되었다. 1955년 3월까지 문과대학장직을 맡았다.

그는 10년 가까이 문교부의 편수국장으로서 전쟁으로 흐트러진 교과서 편찬 행정을 어느 정도 궤도에 올려 세운 뒤, 일제강점기에 강제로 쫓겨났던 연희대학교로 다시 돌아와 후학들에게 국어학을 가르치면서 사상체계와 정음학 등 자신이 평생 동안 쌓은 학문체계를 정비하는 일에 착수했다. 이때에 펴낸 책이 『한글의 투쟁』이다. 1954년 10월 간행된 이 책은 그가 해방 후 10년에 가까운 세월 동안 한자 사용 반대, 한글

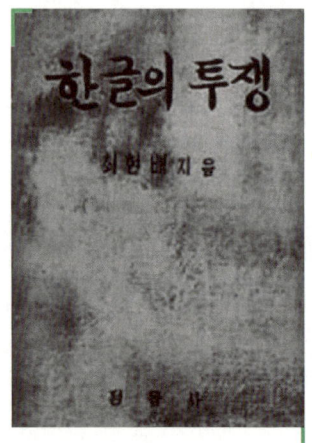

「한글의 투쟁」(1954)

간소화 반대 등과 관련하여 여러 곳에 발표한 글을 모은 것으로, 한글쓰기 주장을 담은 대표적인 이론서이다. 이 책은 해방 전인 1937년에 내놓은 『한글의 바른길』에 이어 두 번째로 펴낸 어문논설집이기도 하다.

그는 이 책의 머리말에서 한글은 우리 배달겨레의 정신문화의 최대 산물이며, 세계 온 인류의 글자 문화의 공탑이다. 이는 우리의 자랑인 동시에 또 우리의 무기이다. 이를 사랑하며 이를 부리는 데에만 우리의 생명이 뛰놀며, 우리의 희망이 솟아나며, 우리의 행복이 약속 된다며 한자폐지의 정당성을 강조했다. 또 그는 한 태령을 넘고 나면 또 한 태령이 앞에 나서며, 한 풍파를 겪고 나면 또 한 풍파가 닥쳐 온다고 하면서도 한글의 용사들은 조금도 그 뜻을 굽히지 아니하고, 털끝만큼도 그 소망을 잃지 아니하고, 닥치는 난관마다 필경 정복하고야 말았다는 과거의 업적을 돌아보아, 금후의 영원의 투쟁과 그 미래의 승리를 믿어 맞이 않는다며 운명적인 한글 투쟁과 그 미래의 승리를 확신했다. 더욱이 그는 남북통일의 위대한 산고 중에 있음을 직시하고, 영원한 이 나라의 청년 문화인에게 보낸다며 자유는 사람에게 절대적 요구이나, 인류의 역사는 이를 싸워 얻어온, 또 가는 기록이다. 한글은 자유를 얻기 위하여 옛날에도 싸웠고, 이제도 싸우고 있다. '투쟁은 만물의 어머니이다.' 인류의 진보 문화의 발전은 투쟁 가운데로부터 나온다며 '한글 투쟁'에 대한 긍정석인 입상을 내비쳤다.

이를 통해 그가 '한글 투쟁'을 얼마큼 치열하게 벌여왔는지를 훑어볼 수 있다. 먼저 한자 폐지와 관련하여 반대론과 오해될 만한 것을 모두 끌어내 논리로 반박하고 과학적 근거를 제시했다. 그러면서 그는 한자폐지에 따른 구체적 방법론도 제시했다. 그는 한자 폐지 반대론자들에 대해 '한자 중독자'들이라 진단하고 이를 고치는 방법은 죽음에 가까운 고통을 당하더라도 한자를 끊어 버리는 것이라 단언했다. 그는 한자 집착자에 대해 사대주의가 아니면 이기주의이며, 오해가 아니면 중상이며, 관찰력 부족이 아니면 본말 전도한 논리이며, 목적의 모순에 대한 얕은 동정이 아니면 자주 민족 민주 문화 건설의 무기력이라 비판했다.

그는 12년 만에 복직한 연희대학에서 학부에서는 주로 '말본'과 '한글갈', '훈민정음' 등을 강의했으며, 대학원에서는 '말본론(문법론)'과 '일반언어학' 및 '일반문법론'을 가르쳤다. 그는 강의 시간 틈틈이 일제의 우리말글 말살 정책의 진상을 알리며 말글과 겨레얼, 나라사랑의 혼을 학생들에게 심어주었다. 그는 달변은 아니었지만 매우 논리적으로 논증 형태로 수업을 진행했다.

1954년 4월 최현배는 양주동, 이숭녕, 이희승, 이양하, 권중휘 등과 더불어 학술원 회원에 뽑혔다. 그가 주도하여 『큰사전』과 『중사전』을 펴낸 것을 인정받아 1958년 7월에 학술원 인문과학부 제2어문 분과회장, 인문과학부 부장에 이어 정기총회에서 학술원 부회장에 선임되었다.

1955년 4월 연희대학교 부총장에 임명된 최현배는 국어학 연구와 그 발전에 기여한 공로로 명예문학박사 학위를 취득했다. 1957년부터는 '세종대왕기념사업회' 이사와 부회장, 대표이사 등을 역임하며 국어운동의 중심적인 인물로 활동했다. 세종대왕기념사업회는 최현배가 세종대왕은 우리 겨레의 은인이시요, 만고의 성군이시니, 우리가 한글날에만 일시적으로 기념할 것이 아니라, 한글학회에서 영구히 기념 기관을 만들어, 세종대왕의 업적을 세계에 널리 선양해야 한다면서 비롯되었다. 이에 따라 1956년 10월 9일 한글날에 세종대왕기념사업회가 창립되고, 1957년 5월 사단법인으로 허가를 받았다. 회장은 문교부 장관이, 부회장은 한글학회 이사장이 맡되 실무는 부회장이 맡기로 정했다. 세종대왕기념사업회에서는 1968년 1월부터 『세종대왕실록』 국역 사업에 착수하는 한편, 1968년 10월 9일 한글날에 기념관 기공식을 가진 뒤 1970년 11월 이를 준공했다. 하지만 최현배는 그해 3월에 세상을 떠나는 바람에 기념관 준공을 보지 못했다.

1956년부터 교과과정이 바뀌자 최현배는 중학교용 문법서와 고등학교용 문법서를 각각 냈다. 최현배는 『우리말본』(고침판, 1955)에 근거하여 이전의 『고등말본』이라 고쳐 쓰고, 『중등말본』을 다시 썼으며 이와 함께 『교수지침서』도 집필했다. 이를 계기로 그의 교육문법은 비로소 체계가 잡혔다.

그런데 문법의 통일문제는 대학 입시와 직결되었기 때문에 학생들에게 매우 큰 관심사였다. 이러한 연유로 1958년 무렵부터 문법 시비가 표면화되었다. 즉 학교문법을 둘러싸고 최현배 측과 이희승 측으로 크게 나뉘자 교육계는 큰 혼란을 빚었다. 그러자 1961년 문교부에서는 문법

학교문법, 국·학문 함께 쓰기로 확정(『동아일보』 1963년 7월 25일자)

통일 작업을 시작했다. 최현배, 이희승, 이숭녕, 김윤경 등으로 '학교문법통일위원회', '학교문법통일준비위원회' 등을 구성하여 심의했지만 이렇다 할 결론을 내리지 못했다. 1963년 4월 문교부에서는 다시 국어과 교수과정심의회를 열고 문법 교과서를 저술한 최현배를 비롯한 김윤경·정인승·장하일 등 한글 용어를 채택한 부류와 이희승·이숭녕·최태호·김민수 등 한자 용어를 채택한 부류, 그리고 교과서를 쓰지 않은 박창해·강윤호·유재한(이상 한글 용어파)과 김형규·이희복·이응백·윤태영·이훈종(이상 한자 용어파) 등으로 '학교문법통일전문위원회'를 구성했다.

이들 사이에서 첨예하게 대립했던 것은 품사체계와 문법용어였다. 먼저 품사체계에서는 최현배의 잡음씨 '이다, 아니다'의 인정 여부와 이희

문법통일안 또 번복(『동아일보』 1066년 11월 24일자)

승의 존재사 '있다, 없다'의 인정 여부를 두고 팽팽히 맞섰고, 문법용어에서는 한글 용어를 쓸 것인지, 한자 용어를 쓸 것인지를 두고 대립했다. 팽팽한 토론 끝에 최현배의 '이다, 아니다'는 각각 조사, 형용사로, 이희승의 '있다, 없다'는 형용사로 기울었다. 문법용어 문제는 해결점을 찾지 못해 투표로 결정했는데, 8대 7로 한자 용어가 채택되었다. 하지만 이는 당초 한자 용어 사용을 주장하는 숫자가 많았기 때문에 어쩌면 의도적인 결과였다. 결국 최현배 등은 학문은 결코 다수결로 결정할 것이 아니라며 결과를 거부하고 퇴장해버렸다.

문교부는 이 결과를 토대로 1963년 7월 「학교문법통일안」을 공포했다. 중학교는 1966년부터 이를 시행한다고 했다. 이에 최현배와 한글학회 측에서는 즉각 반대운동을 벌였다. 특히 최현배는 그 부당성을 지적히며 강력한 반대론을 폈디. 1964년 3월 「학교문법통일안」 시정의 청원서를 국회에 제출했다. '이다'의 낱말을 인정하지 않은 것은 잘못이라는 점과 한자로 된 문법용어의 부당성을 지적하는 내용이었다. 이와 같이 학교문법파동이 걷잡을 수 없이 커지자 1966년 11월 문교부가 검인정 교과서 문법책은 「학교문법통일안」을 원칙으로 하되, 최현배의 학설(홀소리, 이름씨 등)도 병행하여 표시하도록 하면서 문법통일안이 번복되었다. 또 9개 품사 외에 '잡음씨'도 포함하도록 했다. 이로써 학교문법파동은 원점으로 돌아가고 말았다.

한글의 기계화 연구와 한글타자기

최현배는 시대 상황에 따른 한글의 대처 방안도 연구했다. 이와 관련해 가장 손꼽히는 것이 '한글의 기계화'에 대한 노력인데, 이는 한글타자기의 탄생으로 이어졌다. 이것은 그가 오래 전부터 주장했던 '글자의 가로풀어쓰기'와도 관련이 깊다. 그는 음운 글자인 한글의 본래 특성을 살리는 것이 한글의 과학적인 기계화라 여겼던 것이다. 그는 평소 한글은 기계화에 알맞으며, 배달겨레의 글자 생활은 반드시 기계로써 이뤄져야 하고, 기계화를 통해 남은 정력은 과학 부분에 쏟아야 한다는 점을 강조하곤 했다. 글자의 기계화는 '글자살이'에 매우 중요하다며, 기계의 사용 여부는 곧 그 나라의 흥망을 좌우한다고도 주장했다. 이는 한자와 같은 많은 수의 글자는 기계화에 부당하다며 간단함·경제성·편리성이 없고 돈과 노력은 많이 들면서 효과가 적다고 지적했다. 이와 달리 한글은 글자 수가 적어 한글타자기, 한글 텔레타이프, 한글 라이노타이프 등을 개발, 제조하여 정치·경제·문화·사회생활을 고도로 발달시킬 수 있다고 보았다.

그가 평생을 통해 연구한 한글의 이론 문제는 『우리말본』과 『한글갈』을 통해 해결되었기 때문에 마지막으로 이를 기계에 적용하는 일만이 남은 것이었다. 그가 한글 기계화에 관심을 둔 것은 1942년 10월 조선어학회사건으로 투옥되었을 때이다. 당시 그가 연구한 '풀어쓰기'

최현배의 '한글 가로쓰기(29자)'

는 한글타자기의 고안에 이론적인 뒷받침이 되었다. 최현배는 한글타자기 개발에 혼신의 힘을 쏟고 있던 공병우를 지인으로부터 소개받았다. 1946년 8월 공병우가 청진동 한글회관으로 최창식을 찾아와 한글 공부를 하고 싶다고 하자, 이에 권승욱을 소개 받았다. 안과의사였던 공병우는 해방 후 한글 기계화라는 큰 뜻을 품고 있었다. 그것을 실현하기 위해서는 먼저 한글을 이해해야 했다. 이러한 사정을 알게 된 권승욱이 최현배에게 그를 소개시켜준 것이었다.

1949년 7월 최현배와 공병우는 3벌식 타자기를 개발했다. 그 뒤를 이어 김동훈, 장봉선 타자기 등도 선보였다. 요즘은 2벌식 자판이 대세

공병우

공병우 타자기(3벌식)

를 이루고 있지만, 3벌식 자판이 과학적이고 우수하다는 것은 널리 알려진 사실이다. 2벌식 자판이란 자음을 왼쪽에, 모음을 오른쪽에 두 벌로 배열해놓은 것을 말한다. 3벌식 자판은 초성, 중성, 종성(자음 두 벌, 모음 한 벌) 이렇게 세 구역으로 나누어 키를 배정해 놓은 것을 말한다.

최현배는 자판의 통일성을 기하기 위해 1957년 4월 문교부 장관에게 '한글타자기 글자판 통일에 대한 건의서'를 제출했다. 이에 문교부는 그해 5월 초 '한글타자기자판 합리적통일협의회'를 구성하여 이를 협의하도록 했다. 그 결과 모아쓰기와 풀어쓰기의 두 시안을 작성하고, 1957년 8월 대한교육연합회 회의실에서 공청회를 가졌으나 여러 여건 때문에 통일이 이루어지지 못했다. 이와 관련한 그의 노력과 열정은 1958년에 정음사에서 펴낸 저서 『한글의 투쟁』에 오롯이 담겨 있다.

1962년 3월 최현배는 독자적으로 한글학회 안에 글자판 통일을 위한 부설기구 '한글기계화연구소'를 설립하고, 자신이 소장을 맡았다. 그는 연구소의 기구를 넓히고 전문가를 영입하는 등 한글 기계화에 열과 성을 아끼지 않았다. 당시 한글 기계화는 그의 삶의 목표가 되다시피 했다. 그는 그 목표를 실현하기 위해 첫째 한글은 기계화에 알맞으며, 둘째 배달겨레의 글자 생활은 꼭 기계로서 이루어져야 하고, 셋째 기계화에서 얻어지는 남은 정력은 과학 부분에 쏟아야 한다는 것을 강조했다. 이에 그는 한글 기계화 촉진, 한글 글자판 배열 기준 확립, 타자의 자격 심사, 한글 기계화 선전 및 간행물 발간, 그 밖의 한글 기계화 부대 사업 등 다섯 가지 사업을 실시하고자 했다.

한글기계화연구소는 해마다 한글날을 기려 전국타자대회를 열어 시상하는 등 활발한 활동을 펼쳤다. 하지만 1986년에 문을 닫고 말았다. 해방 이후 한동안 많은 타자기가 난립한 상황에서 1969년 정부가 표준자판을 지정하려고 했는데 4벌식을 표준자판으로 지정하면서 3벌식은 다시금 외면을 받았다. 1982년 이후 자판 수도 적고 글자가 네모꼴로 입력이 되는, 2벌식 자판의 전신 외솔타자기가 나온 이후 지금까지 이어지고 있다.

한글전용운동과
저술활동

1961년 연세대에서 정년퇴임한 최현배의 사회활동은 대부분 한글학회를 중심으로 이루어졌다. 물론 한글학회 이사장직은 계속 수행했다. 그런 만큼 그의 최대관심사는 역시 한글이었다. 최현배는 1962년 1월 14일 국가재건최고회의에 「한글전용에 관한 건의서」를 냈다. 최고회의에서는 그해 2월 5일에 '한글전용특별심의회'를 문교부에 두도록 하고, 4월 7일에 그 규정을 공포했다. 이에 문교부 장관이 위원장으로, 한글학회 이사장이던 최현배가 부위원장으로 선임되었고, 일반용어, 언어문학, 법률제도, 경제금융, 예술, 과학 기술 등 6개 분과 위원회에 42명의 위원을 두었다. 이는 국민 생활에서 모두 한글만 쓰기를 추진하기 위해 우선 신문, 잡지에 상용되는 일상 말씨를 심의하고 어려운 외래어를 '쉬운 말'로 대체하고자 만든 조직이었다. 이에 대해서 정부는 한글학회로 하여금 조사 업무를 대행하도록 했다.

세 차례에 걸쳐 전체위원회를 열어 위원회 운영, 심의 총칙, 세칙을 정하고, 첫 해에 전문위원들이 제안한 5,700여 낱말을 각 분과에서 회합 토의하여 2,600여 개의 어려운 말을 쉬운 말로 고쳤다. 이 작업은 해방 이후 그가 미군정청 학무국에서 한글만으로 교과서를 펴내고, 일본어를 내몰기 위해 『우리말 도로 찾기』 책자를 발간하여 우리말을 되살린 연장선상에서 추진되었다. 그 결과 제헌국회에서 '한글전용법'이 마련되었으나 당시까지도 완전 시행되고 있지 않은 상태였다. 얼마 동안 필요에 따라 한자를 섞어 쓸 수 있다는 조항 때문이었다. 이러한 때에 5·16군사정변으로 등장한 박정희 정권이 한자를 없애고 한글만을 쓰기로 하면서 다시 한 번 기회가 찾아왔던 것이다. 예전에는 일본어에 대한 '우리말 도로 찾기'였지만, 이번에는 일본어뿐만 아니라 한자어, 서양어 등으로 대상이 확대되었다. 1963년 6월까지 1년 반 동안 14,159개의 용어가 쉬운 한글로 바뀌었다.

　최현배는 한글전용특별심의회 사무실을 한글학회에 두고 전문위원과 간사들이 실무를 맡도록 했다. 간사들이 신문, 잡지 등에서 어려운 한자말, 외래어 등을 뽑으면 전문위원들이 이에 걸맞은 쉬운 말을 찾아내어 ① 일반용어, ② 언어·문학, ③ 법률·제도, ④ 경제·금융, ⑤ 예술, ⑥ 과학·기술 등으로 나눈 뒤, 각 분과회의에 붙여 전문가들이 결정하면 회장이 문교부장관의 결재를 받아 공포하는 과정을 밟았다.

　이에 대한 비판도 적지 않았지만 최현배를 이에 대해 하나하나 반박했다. 먼저 한자어 또는 외래어를 우리말로 바꾼다면 그 뜻이 명확하지 않다는 점에 대한 지적이 많았다. 예를 들어 '개가하다'를 '팔자고치

다'로 바꾸었을 경우, 적용 범위가 일치하지 않는다는 것이다. 이에 대해 최현배는 그러한 것은 피할 수 없는 것이라며 낱말 하나하나가 그 속살[내포]과 겉테[외연]가 꼭 같은 경우는 매우 드물다며, 예를 들어 'man', 'ヒト', '사람'의 개념이 각기 다르다고 했다. 또 한 가지의 말도 그것을 쓰는 나라가 다르면 환경과 쓰기에 따라 뜻이 달라진다고 했다. 가령 'corn'이 영국에서는 '밀'로, 스코틀랜드와 아일랜드에서는 '귀리'로, 미국에서는 '옥수수'로 불린다는 것이다. 절대적으로 완전한 낱말로 번역하는 것은 불가능하다는 것이다. 히브리어로 된 성경이 1,151개의 방언으로 번역되어 기독교의 진리가 온 세계 인류의 정신적 양식이 되고 있다며 이를 반박했다.

그런데 1964년 박정희 정권은 돌연 20년 가까이 실천해 오던 한글전용방침을 바꾸어 교과서에 한자 1,300자를 섞는 것을 1965년부터 실행하기로 방침을 바꾸었다. 한자병용을 부단히 주장해온 이희승 등 보수 세력의 압력 때문이었다. 이에 최현배는 1964년 11월 15일 제43회 한글학회 총회를 소집했다. 총회에서는 「한글전용에 대한 한글학회의 주장」, 곧 「문화선언」을 발표했다. 이 발표에서는 교과서에 한자를 섞어 쓰는 것은 위법이요, 시대 역행임을 낱낱이 들어 비판하고, 정부는 역사 위에 씻지 못할 오점을 남기지 말고, 잘못된 정책을 당장 철회하라고 주장했다. 결국 정부는 1970년부터 교과서에서 한자를 빼고, 한문을 따로 가르치도록 했다. 그 뒤 '한글전용촉진'이 국무총리 훈령으로 내려져 1970년 1월 1일부터 정부 공문서에 한글전용을 철저히 시행하도록 했다. 이로써 1948년의 한글전용법 중에 있던 '다만 조항(한자 병용)'은 없어졌다. 이때 최현배는 "이제 나는 죽어도 여한이 없다"면서 다음과 같은 시 한 편을 지었다.

한겨레 한마음으로 한데 뭉치어
힘차게 일어나는 건설의 일꾼
바른길 환한 길로 달려 나가자
희망이 앞에 잇다 한글 나라에.

이에 최현배는 세 가지 실천 방법을 제시했다.

첫째, 한글 쓰기의 넓히기이다. 행정부의 간행물은 물론 입법부, 사법부의 일체 문서, 사람 이름, 땅이름, 명함, 문패, 간판, 학적부, 이름패, 신문, 잡지 등은 한글로만 쓰되, 가로줄로 정확한 맞춤법으로 띄어쓰기, 월점치기까지 엄밀하게 써야 한다. 그리고 가로 글에 적합한 여러 글자체를 개량해야 한다.

둘째, 쉬운 말로 쓰도록 할 일이다. 어려운 한자말은 우리말로 바꾸어 쓰기, 옛말을 살려 쓰기, 각종 학과목의 술어 및 일반 용어를 우리말로 바꾸기, 각종 산업 부문에서 쉬운 말 쓰기와 이를 위한 각 부문의 연합 협회, 조합들에서 쉬운 말 만들기(상공부, 농림부, 교통부 등에서 소속 단체에 제정토록 지시), 순한문 고전·국한문 고전을 평이한 현대말로 바꾸기 등을 제안했다.

셋째, 한글의 기계삼기 서두르기이다. 한글타자기 글자판 통일과 보급, 모노타이프, 라이노타이프, 사진식자기 등 한글 기계화가 속속 개발

최현배 건국공로훈장증(1962. 3)

최현배 건국공로훈장 단장[독립장](1962. 3)

되어 이 기계들이 쉴 새 없이 돌아가게 되는 날 국민의 자유, 행복한 소망 및 우리의 자랑이 있다고 역설했다.

한편 최현배는 1962년 3·1절을 맞아 정부에서 선정한 208명의 독립운동유공자에 포함되었다. 그 외에도 조선어학회 사건에 옥고를 치른 이희승, 정인승 등과 유명을 달리한 정태진, 이윤재, 한징 등도 건국공로훈장 단장[독립장]을 받았다. 최현배는 1967년 5·16민족상 학예부문 본상도 수상했다.

최현배는 한글학회 이사장 자리에 있으면서 우리말과 글의 연구와 보급에 앞장을 서는 한편, 자신이 걸어온 학문의 길을 되돌아보는 수상류의 글을 쓰는가 하면 주시경의 비문, 한글날 노래의 가사, 동료나 후학들의 환갑논문집의 머리말 등 다양한 글을 썼다.

이와 함께 1960년대 70세로 접어들면서 그는 여러 책들을 출판했다. 그 가운데 『나라 사랑의 길』(1958), 『나라 건지는 교육』(1963), 『한글갈 고침판』(1961), 『한글 바로적기 공부』(1961), 『한글 가로글씨 독본』(1963), 『외솔 최현배 박사 고희기념논문집』(1968), 『한글만 쓰기의 주장』(1970) 등이 대표적인 저서이다. 만년에 들어서면서 그는 자신의 교육사상과 민족개조사상을 나라를 사랑하고 교육을 쇄신시키면서 사상체계의 완성을 위한 저술에 전념했다.

『나라 사랑의 길』은 그가 나라의 어려운 고비마다 애국의 충정으로 쓴 책 가운데 하나이다. 『조선민족 갱생의 도』나 『나라 건지는 교육』 또한 그 책과 맥락이 통한다. 『나라 사랑의 길』은 광복된 조국이 이승만 정권의 부패로 파멸의 구렁텅이로 떨어지는 것을 보고 온 국민들의 참된 각성을 촉구하고자 쓴 것이다. 이 책에는 청년 시절부터 몇 가지 형태로 분출되던 그의 사상체계가 집성되어 있다.

『나라 건지는 교육』은 1959년부터 자신이 쓴 글을 모은 책자였다. 문고판 4장 221쪽에 불과하지만, 내용은 알찼다. 말년에 교육 현실을 지켜보면서 자신의 교육사상을 제시했다. 이승만 정권하 자유당 간부들의 '거짓[허위]'과 '우악[폭력]'의 썩은 정치가 점점 심해져 1960년에는 교육마저 썩어버리자 그는 붓을 들었다. 국민들에게 '참된 나라 사랑의 도리'를 가르치기 위해서였다.

『한글 바로적기 공부』는 한글만을 쓸 때 한글을 바로 적는 문제와 시

각적 효과를 가져오도록 적는 문제를 다루었다. 이는 한글맞춤법과도 직결되는 문제였다. 그는 한글 맞춤법의 원리를 자세히 풀이하면서 붙임으로 '들온말 적기'(외래어표기법)가 이루어진 과정과 다른 안에 대한 비판을 가하고 '사사 벼름'(사안)을 내놓기도 했다. 『외솔 최현배 박사 고희 기념논문집』은 『한글의 투쟁』 이후에 발표된 어문관계 논설과 그가 쓴 각종 어문관계 성명서가 담겨 있다. 광복 이후 그의 활동이 거의 집약되어 있다.

이 밖에도 최현배는 『조선민족갱생의 도』의 번각판과 『글자의 혁명』(1947)의 고침판을 내고 중등문법류를 시대적 요구에 맞게 계속 고쳐 썼다. 그뿐만 아니라 그는 『큰사전』을 비롯한 『한국지명총람』 등의 공동 편찬에도 관여했고, 문교부 시행중등학교 검정고시 위원으로서 출제를 담당하기도 했다. 『한국지명총람』은 최현배가 사라져가는 우리말을 찾고 방언을 수집한 것을 수록한 책이다. 그가 직접 땅이름 조사에 나선 것은 1960년 9월부터였다.

그해 7월 연세대 총장 백낙준과 상의하여 교내 동방학연구소에서 미국 하버드대학의 원조로 계획된 '한국지명조사사업'의 첫째 연도분 경기도 지역을 한글학회가 실무를 맡아 대행하게 되었다. 하지만 여러 사정에 의해 하버드대학의 원조를 받지 못하게 되자, 최현배는 5개년 계획으로 정부에 국고보조를 신청했다. 이에 1964년부터 남한 전역의 땅이름을 조사하기 시작했다. 관청에서 내놓은 자료를 기반으로 하여 방방공곡을 찾아다니며 땅이름 관련 자료를 수집했다. 그 결과 1966년 2월 제1집으로 '서울편'이 발간한 이래 1967년 '강원편', 1970년 '충북편'이 출판되었다. 1970년 최현배가 작고한 뒤에도 이 사업은 지속되어 1986년 모두 20권의 『한국지명총람』이 완성을 보게 되었다.

『한글만 쓰기의 주장』은 그가 세상을 뜨기 8일 전에 탈고한 유고이다. 그는 1970년대 초부터 본격화된 한글전용을 이론적으로 뒷받침하고자 했다. '그 반대론자의 의혹을 풀어 밝힘'이라는 부제를 단 것도 그러한 이유에서였다. 그는 한글전용을 반대하는 사람들에게 그들이 의심스러워하는 점을 해명하고자 했다. 그는 '사랑'이란 단어를 그 예로 들었다. 오늘날 '사랑'이란 어원은 모르고도 얼마든지 '사랑'이란 말을 자유로이 쓸 수 있다고 말이다. '사랑'은 500년 전에 '생각하다'의 뜻이었지만, 오늘날은 그런 뜻으로는 쓰이지 않고 현시의 뜻대로만 쓰고 있다는 것이다. '사랑'의 어원을 따질 필요없이 자유로이 쓰이고 있다는 말이다. 서양인이 한글을 배울 때에 'electricity=전기', 'school=학교'라고 배웠으면 그만이지 '전기電氣, 학교學校'를 알 필요는 없다는 것이다. '帽子'는 '모자'로 쓰만 그만이지 사모 모, 아들 자를 따져 '사모의 아들'이라 생각하지 않는다고 꼬집었다. 그는 말의 생활은 현실적이지, 어원을 밝혀야 언어생활이 되는 것은 아니라는 점을 분명하게 밝히고 있다.

그는 우리말의 9할이 한자말이라는 주장에 대해서도 반박을 했다. 그는 한글학회의 『큰사전』 통계에 따르면 한글이 7만4천, 한자 8만1천 라면서 순우리말 수가 많이 빠졌고 한자말이라고 하지만 진정한 우리말이 아닌 순한문말이 허다하다고 했다. 그러면서 그는 한글말 쓰기 주장은 결코 우리말 속의 한자말을 다 없애자는 것이 아니고 한글로 쓰자는 것이라 재차 강조했다. 다만 같은 뜻을 가진 말의 경우 문제가 된다면 우리말 표현으로 구별하자고 주장했다. 즉 '방화防火'는 '불조심', '방화放火'는 '불내기', '불지르기' 등으로 말이다. 이 책은 유고인 만큼 여느 책들과 달리 머리말이 없다. 앞뒤의 표지와 표제지 사이는 그가 조선어강습소 시절 주시경으로부터 받은 수업증서와 졸업증서로 꾸며져 있다. 조선어강습원에서 받은 증서는 그가 갖은 옥고獄苦와 전란戰亂 속에서도 60여 년 동안 보관해온 것이다. 이 책은 모두 3장으로 구성되어 있지만, 절과 항의 구분이 뚜렷하지 못하다. 탈고 후 병세가 악화되어 원고를 제대로 손보지 못했기 때문이다.

최현배는 노후에도 광복회 추모회위원, 이충무공기념사업회 중앙이사, 서울대학교 박사학위 심사위원, 대한상공회의소 한글타자학원 기술검정시험위원, 서울중앙기독교청년회관 재건위원회 위원, 구황실재산사무총국 인사심의위원, 3·1독립선언 및 유엔군 참전 기념비 건립위원, 서울특별시 문화위원 등 사회 여러 분야에서 쉼 없이 활동했다. 그만큼 각종 표창장과 훈장도 받았다. 제1회 학술원 공로상, 연세대학교 표창장, 문교부장관 표창장, 건국공로훈장, 국가재건최고회의 의장 공로표창장, 제2회 5·16민족상 학예부문 본상 등을 받았다. 최현배는 5·16민족상 부상으로 받은 상금 2,000만 원 전액을 한글학회의 운영 자금으로 기탁했다.

최현배는 1970년 3월 23일 새벽 3시 35분 입원 중이던 서울 세브란스 병원에서 76세로 생을 접었다. 평생토록 우리말과 글을 연구하고 지켜온 생애였다. 오랫동안 몸담아 온 연세대학 교정에서 사회장이 엄수되어 3월 27일 경기도 양주군 진접면 장현리 묘소에 안장되었다. 유택은 평소의 바람대로 주시경 스승이 잠든 곁이었고, 며칠 후인 4월 13일 부인 이장련 여사가 사망하여 부군 곁에 묻혔다. 그후 주시경 선생의 유해는 국립서울현충원으로, 최현배 선생과 이장련 여사의 유해는 국립대전현충원으로 이장되었다. 장례식에서 조선어학회사건 이래 평생의 동지인 노산 이은상이 「마지막 드리는 노래 - 외솔 최현배 님 영 앞에」를 낭송했다. 정부에서는 1970년 3월 27일 국민훈장 무궁화장을 추서하여 고인의 업적을 평가했다.

그의 학문과 유지는 한글학회를 중심한 학자들에 의하여 계승되고 있다. 그의 사상을 기리는 모임인 외솔회가 1970년에 창립되어 기관지 『나라사랑』을 발간하고, 해마다 국학연구와 국어운동에 뛰어난 사람에게 외솔상을 시상함으로써 그의 정신을 이어가고 있다.

작고 1년 뒤인 1971년 7월 23일 동지들과 후학들은 서울 장충단공원에 외솔 최현배 선생 기념비를 세웠다. 기념비 전면에는 「외솔찬가」가 새겨지고, 뒷면에는 외솔이 지은 시 「임 생각」이 음각되어 있다. 1990년 6월 극단 '부활'이 「외솔 최현배」의 공연 수익금 등으로 외솔의 고향인 울산광역시 울산시립도서관 앞 광장에 외솔 얼굴상을 세웠다. 또 1996년 모교인 울산 병영초등학교에서도 동상을 세워 스승의 위업을 기렸다.

최현배는 해방 이전에는 암울한 시대상황 속에서도 우리말과 글을 지키기 위해 힘썼고, 해방 이후 세상을 떠날 때까지는 우리나라 국어정책의 기초를 닦았으며, 한글전용운동에 전심전력을 다했다. 그는 민족정신의 정수가 그 민족의 말과 글에 있다는 점을 깨닫고 일생을 한글연구에 바친 한글학자이며, 그의 이론을 적극적으로 펼친 실천가였다. 또 민족의 갱생과 민족문화의 발전을 염원하며 자주민족과 자유국가를 만들어야 한다고 강조한 사상가이기도 했다. 우리의 말과 글, 더 나아가서 우리의 정신을 지켜온 그의 확고한 의지와 끊임없는 노력 덕분에 한글은 지금까지도 민족의 얼을 담는 보기寶器로써 민족문화의 원동력이 되고 있다.

최현배의 삶과 자취

1894	10월 19일 경남 울산군 하상면에서 출생
1899	2월 서당에서 수학하기 시작
1907	4월 서당이 폐쇄되자 일신학교에서 근대교육을 받기 시작
1910	3월 일신학교 졸업
	4월 관립한성고등학교(경성고등보통학교)에 입학
	5월 주시경의 조선어강습소에서 한글과 말본 수학
1911	6월 조선어강습소 초등과 과정 수료
	9월 조선어강습원 중등과 과정 시작(~1912. 3 수료)
1913	3월 고등말본 과정 이수, 배달말글몯음 고등과 제1회 졸업
	4월 어머니를 잃고 병을 크게 앓아 휴학. 1년간 요양
1914	4월 경성고보 4학년에 재입학
1915	3월 경성고보 졸업
	4월 일본 히로시마고등사범학교 문과 제1부에 입학
1919	3월 일본 히로시마고등사범학교 졸업, 중등학교 교원면허증 수여
	4월 귀국 후 고향에 한국인 상권 확보를 위해 공동상회 설립
1920	1월 11일 동래고등보통학교 교원으로 부임
1921	12월 30일 동래고등보통학교 사직
1922	1월 일본히로시마고등사법학교 연구과에서 수학(~1922. 3)
	4월 일본 교토제국대학 문학부 철학과에 입학
1925	3월 교토제국대학 문학부 철학과 졸업(교육학 전공)
	4월 교토대학 대학원에 진학, 서양 근세 교육사상사 연구

	「조선민족 갱생의 도」 집필
1926	1월 일본 문부성으로부터 고등학교 교원면허장 수여
	4월 귀국 후 연희전문학교 교수로 부임
	흥업구락부에 가입, 활동
1929	9월 『우리말본』의 음성학 부분인 『우리말본 첫재매(소리갈)』 펴냄
	10월 조선어사전편찬회 발기인·준비위원에 피선
1930	4월 『조선민족 갱생의 도』(동광당서점) 펴냄
1933	4월 조선어학회 간사장 피선
	10월 조선어학회 임시총회에서 「한글맞춤법통일안」 채택
1934	4월 『중등 조선말본』 발행
	7, 8월경 조선어표준어사정위원회 위원에 피선
	9월 「한글운동의 본질과 그 발전」 발표
1936	5월 『시골말 캐기 잡책』, 『중등교육 조선어법』 펴냄
1937	2월 『우리말본』, 『한글의 바른길』 펴냄
1938	9월 흥업구락부사건에 연루되어 연희전문학교에서 강제 사직
	10월 조선어학회 간사직 사퇴
1940	1월 『외래어표기법통일안』 발행
1941	5월 연희전문학교 도서관 직원으로 복직
1942	5월 『한글갈』 펴냄
	10월 조선어학회사건 관련 피체
1944	9월 함흥재판소에서 징역 4년 선고
1945	1월 경성고등법원에 상고
	8월 상고 기각으로 징역 4년 확정
	8월 16일 해방 후 조선학술원 상임위원에 선정
	8월 17일 출옥

	9월 미군정청 학무국 편수국장에 취임
	10월 조선어학회사건 동지들 모아 십일회 조직
1946	4월 서울사범대학 국어 말본 강사(~1948. 3)
	6월 미 군정장관 러치 장군으로부터 멸사봉공 표창장 수상
	9월 한글가로글씨연구회 조직, 회장에 취임
1948	8월 세종중등국어교사양성소 교수(~1950. 6)
	9월 문교부 편수국장 퇴임
	10월 조선어학회 상무이사에 취임
1949	7월 한글전용학회 위원장에 추대
	9월 조선어학회 상무이사 사임, 한글학회 이사장 취임(~1950. 6)
	10월 대한교육연합회 이사 취임(~1954. 4)
1951	1월 문교부 편수국장에 임명
1954	1월 문교부 편수국장 사임
1953	2월 교육공무원 특별징계위원 위촉, 중앙교육연구소 초대 운영위원 위촉
	5월 한글학회 이사장 재삼 피선(~1970. 3)
1954	4월 연희대학교 교수로 취임, 학술원 회원으로 선정
	9월 연희대학교 문과대학 학장 취임
	10월 고등전형합격증 수급
1955	4월 연희대학교 부총장에 취임, 연희대에서 명예박사학위 취득
1957	11월 세종대왕기념사업회 부회장에 취임
1958	7월 학술원 부회장
1960	6월 재단법인 숙명학원 이사(~1962. 3)
1961	5월 연세대학교 전념 퇴임, 명예교수 임명
1962	3월 한글학회 부설 한글기계화연구소 설립, 소장 취임

1964	3월 동아대학교 문리과대학 강사, 교수 취임(~1966)
1968	8월 세종대왕기념사업회 대표 이사 취임(1970. 3)
1970	3월 국민회 이사 취임
	3월 23일 서울에서 별세, 양주군 진접면 장현리에 안장
	3월 27일 국민훈장 무궁화장 추서

최현배 선생이 저술한 책 목록

- 1925년 페스탈로찌의 교육 학설 (미간)
- 1926년 「조선민족 갱생의 도」(『동아일보』에 66회 연재)
- 1930년 『조선민족 갱생의 도』(발행)
- 1929년 『우리말본 첫재매』(발행)
- 1934년 『중등 조선말본』(발행)
- 1936년 『중등 교육 조선어법』(발행)
- 1936년 『시골말 캐기 잡책』(발행)
- 1937년 『우리말본』(온책) (발행)
- 1955년 『우리말본』(고침판) (발행)
- 1937년 『한글의 바른길』(발행)
- 1942년 『한글갈』(발행)
- 1961년 『고전 한글갈』(발행)
- 1947년 『글자의 혁명』(발행)
- 1948년 『중등 조선말본』(단편) (발행)
- 1950년 『참된 해방』(배달 겨레의 제 풀어 놓기) (원고)
- 1953년 『민주주의와 국민도덕』(발행)
- 1954년 『우리말 존중의 근본 뜻』(발행)
- 1954년 『한글의 투쟁』(발행)
- 1957년 『중등 말본』(상중하) (발행)
- 1958년 『나라사랑의 길』(발행)

- 1961년 『한글 바로 적기 공부』 (발행)
- 1963년 『나라 건지는 교육』 (발행)
- 1963년 『한글 가로 글씨 독본』 (발행)
- 1966년 『배달 말과 한글의 승리』
- 1968년 『외솔 최현배 박사 고희 기념 논문집』 (발행)
- 1970년 『한글만 쓰기의 주장』 (유고) (발간)
- 최현배 선생 환갑 기념 논문집 (사상계사, 4287년 11월 14일 펴냄)
- 외솔 최현배 전집 (전28권, 연세대학교, 2012년 펴냄)

자료

- 『동아일보』, 『조선일보』, 『매일신보』, 『서울신문』, 『국제신문』, 『시대일보』, 『신한민보』, 『자유신문』, 『조선중앙일보』, 『중앙일보』, 『중외일보』
- 『한글』, 『동광』, 『별건곤』, 『삼천리』, 『민성』, 『민주조선』, 『신천지』, 『조선교육』, 『사해공론』, 『신민』, 『현대평론』
- 최현배, 「나의 걸어온 학문의 길」, 『나라사랑』 10, 외솔회, 1973.

저서

- 『외솔 최현배 박사 고희기념논문집』, 정음사, 1968.
- 국립국어연구원 편, 『외솔 최현배 선생의 학문과 인간』, 국립국어연구원, 1993.
- 허웅, 『최현배 : 우리말 우리얼에 바친 한평생』, 동아일보사, 1993.
- 고영근, 『최현배의 학문과 사상』, 집문당, 1995.
- 김석득, 『외솔 최현배 학문과 사상』, 연세대학교출판부, 2000.
- 박남일, 『외솔 최현배의 한글사랑 이야기』, 시사출판, 2010.
- 장원동, 『최현배의 교육철학 : 외솔의 생애와 사상』, 형지사, 2010.
- 세종대왕기념사업회, 『최현배 선생 저서 머리말 : 나라사랑 말글사랑에 쏟은 외솔의 충정』, 2014.
- 서상규, 『최현배의 〈우리말본〉 연구 : 소리갈과 씨가름 체계의 성립』, 한국문

화사, 2017.
- 김삼웅, 『외솔 최현배 평전』, 채륜, 2018.

논문

1970년대

- 김계곤, 「외솔 최현배 선생님께서 숙제로 남겨주신 문제들」, 『나라사랑』 1, 1971.
- 박병호, 「최현배선생님을 그리면서」, 『나라사랑』 1, 1971.
- 외솔회, 「외솔 최현배 박사 일대 사진집」, 『나라사랑』 1, 1971.
- 이석린, 「조선어학회사건과 최현배 박사」, 『나라사랑』 1, 1971.
- 최근학, 「외솔 최현배 선생님의 전기」, 『나라사랑』 1, 1971.
- 홍이섭·허웅·김석득, 「외솔의 3대 저작 고찰」, 『나라사랑』 1, 1971.
- 외솔회, 「외솔 최현배선생 1주기 추도식」, 『나라사랑』 2, 1971.
- 허웅, 「주시경 선생의 학문」, 『동방학지』 12, 1971.
- 이윤재, 「한글 운동 - 최현배씨의〈시골말 캐기 잡책〉」, 『나라사랑』 12, 1973.
- 외솔회, 「외솔 선생과 한글학회」, 『나라사랑』 14, 1974.
- 유창균, 「외솔 선생의 국어정책」, 「외솔 선생의 학문」, 『나라사랑』 14, 1974.

1980년대

- 남기심, 「외솔 최현배의 애국사상과 우리말 연구」, 『현상과 인식』 62, 1982.
- 김정환, 「한국교육철학의 개척자들 : 그 생애와 사상/최현배의 교육사상 연구」, 『교육철학』 6, 1986.
- 강성원, 「편수국장 시절 최현배 박사」, 『나라사랑』 65, 1988.
- 문효근, 「우리말 다듬기 한평생 나의 스승, 외솔 최현배」, 『나라사랑』 65,

1988.
- 심재기, 「최현배의 "우리 말본"」, 『나라사랑』 65, 1988.
- 허상녕, 「고매高邁한 인품의 외솔 최현배 박사」, 『나라사랑』 65, 1988.
- 외솔회, 「최현배의 「한글」」, 『나라사랑』 67, 1988.
- 최상수, 「최현배 님과 「우리말본」」, 『나라사랑』 67, 1988.
- 김석득, 「외솔 최현배 「생애」」, 『나라사랑』 67, 1988.
- 신창순, 「한글전용론專用論의 검토檢討(1) – 최현배: 「글자의 혁명」의 경우」, 『어문연구』 16, 1988.

1990년대

- 외솔회, 「외솔 최현배 선생 20주기 추모식 및 강연회」, 『나라사랑』 73, 1990.
- 외솔회, 「외솔 최현배 선생 저작 목록」, 『나라사랑』 73, 1990.
- 외솔회, 「외솔 최현배 일대기 연극화」, 『나라사랑』 76, 1990.
- 외솔회, 「한글에 한평생 외솔 최현배」, 『나라사랑』 76, 1990.
- 최근학, 「외솔 선생의 전기」, 『나라사랑』 73, 외솔회, 1990.
- 김계곤, 「최현배 선생 20주기 추모논총 : 외솔 최현배님이 조어법 서술에 대하여」, 『동방학지』 72, 1991.
- 성낙수, 「최현배 선생 20주기 추모논총 : 외솔의 방언학 연구」, 『동방학지』 72, 1991.
- 손인수, 「최현배 선생 20주기 추모논총 : 외솔 최현배의 민족주의 교육사상」, 『동방학지』 72, 1991.
- 임용기, 「최현배 선생 20주기 추모논총 : 외솔의 된소리와 관련 있는 글자들의 소리값 연구」, 『동방학지』 72, 1991.
- 최현섭, 「최현배 선생 20주기 추모 논총 : 외솔과 국어 교육」, 『동방학지』 72, 1991.

- 허웅,「최현배 선생 20주기 추모논총 : 외솔 선생의 정신세계와 그 학문」,『동방학지』72, 1991.
- 송현,「최현배 박사를 만난 행운」,『나라사랑』77, 1991.
- 외솔회,「한글에 한평생 외솔 최현배」,『나라사랑』77, 1991.
- 외솔회,「한글에 한평생 외솔 최현배」,『나라사랑』78, 1991.
- 이재현,「외솔 최현배」,『나라사랑』77·78·79·80·81·82·83·84, 1991·1992.
- 백낙준,「한글과 민족에 바친 일생 : 외솔 최현배 선생의 별세에 붙여」,『나라사랑』87, 1993.
- 공병우,「한글 사랑을 실천한 선각자 최현배 박사 : 한글 기계화 연구로 순직한 외솔」,『나라사랑』88, 1994.
- 김석득,「외솔 최현배 선생이 걸으신 길」,『나라사랑』89, 1994.
- 도기충,「한글의 으뜸 사도 최현배 스승님」,『나라사랑』89, 1994.
- 박병순,「나라 사랑 (4) : 겨레의 스승 외솔 최현배 박사님의 백돌 잔치」,『나라사랑』89, 1994.
- 외솔회,「외솔 최현배 박사 해적이」,『나라사랑』89, 1994.
- 최승범,「푸른 이야기로 이어지리 : 외솔 최현배 선생 태어나신 백 돌에」,『나라사랑』89, 1994.
- 박영신,「사회 사상가로서의 외솔 최현배 (1)」,『동방학지』85, 1994.
- 허웅,「최현배 선생의 마지막 우리말 강의」,『초등우리교육』56, 1994.
- 김인회,「최현배의『조선민족 갱생의 도』」,『중등우리교육』56, 1994.
- 권재일,「외솔 최현배의 교육사상」,『한말연구』1, 1995.
- 박영신,「최현배의 '새 나라' 세우기 생각」,『한국사 시민강좌』17, 1995.
- 김선양,「외솔 최현배의 교육사상」,『한국교육사학』19, 1997.

2000년대

- 김리박, 「한길 : 외솔 최현배 선생께서 굿기신지 30돌에 즈음하여」, 『나라사랑』 100, 2000.
- 박선영, 「외솔 최현배 선생의 사상과 한국의 미래」, 『나라사랑』 100, 2000.
- 김석득, 「외솔 최현배 선생의 학문과 정신세계 – '외솔관' 이름 붙임을 기리면서」, 『인문과학』 83, 2001.
- 이재현, 「식민지 시대 민족 지성 최현배의 사상과 국어 연구의 배경」, 『한민족문화연구』 12, 2003.
- 장원동, 「외솔 최현배의 민족교육사상연구」, 『윤리연구』 53, 2003.
- 김철, 「갱생更生의 도道 혹은 미로迷路: 최현배의 『조선민족갱생의 도道』를 중심으로」, 『민족문학사연구』 28, 2005.
- 김하수, 「'조선학' 다시 읽기: 시대 전환기에 대한 최현배와 페스탈로치의 대응」, 『동방학지』 143, 2008.
- 남기심, 『최현배, 새로운 어문생활의 표석을 세우다』, 『한국사 시민강좌』 43, 2008.
- 이동석, 「한글의 풀어쓰기와 모아쓰기에 대하여 – 최현배 선생의 『글자의 혁명』을 중심으로」, 『청람어문교육』 38, 2008.
- 이준식, 「최현배와 김두봉: 언어의 분단을 막은 두 한글학자」, 『역사비평』 82, 2008.
- 김동환, 「외솔 최현배의 항일독립운동」, 『나라사랑』 116, 2009.
- 박영신, 「외솔 최현배 선생의 교육 철학 : 외솔 추모강연 1」, 『나라사랑』 118, 2010.
- 성낙수, 「민족혼을 일깨운 외솔 최현배 선생의 학문과 독립운동」, 『나라사랑』 118, 2010.
- 전현환, 「한글을 목숨처럼 사랑하신 최현배 선생님」, 『나라사랑』 118, 2010.

- 정현기, 「왜 오늘날 다시 '외솔 최현배' 선생인가」, 『나라사랑』 118, 2010.
- 허만길, 「외솔 최현배 박사와의 만남」, 『나라사랑』 118, 2010.
- 허재영, 「외솔 최현배의 국어교육과 나라사랑 정신 : 1922년 순회강연 논문을 중심으로」, 『나라사랑』 118, 2010.
- 김진곤, 「『조선말 큰 사전』의 편찬 작업에 최현배, 정인섭과 함께 참여했던 석남石南 송석하宋錫夏의 업적」, 『울산문화연구』 3, 2010.

2010년대

- 김석득, 「외솔 최현배 선생의 '말씀들」, 『새국어생활』 21 - 4, 2011.
- 김석득, 「외솔 최현배의 사상 형성과 그 실천 - 학문과 우리 말글 문화 정책」, 『현상과 인식』, 2011.
- 이재현, 「식민지시대 국어학자 최현배의 민족주의적 사상과 학문연구 - 『조선민족갱생의 도』 중심」, 『시민인문학』 22, 2012.
- 설성경, 「외솔정신을 이어가는 우리 문학 연구의 길」, 『나라사랑』 123, 2014.
- 이병근, 「말[言語]은 나라의 본성本性 - 주시경, 최현배, 이희승을 중심으로」, 『현상과인식』 3 - 19, 2014.
- 이윤석, 「외솔 최현배의 민족교육사상연구」, 『연민학지』 22, 2014.
- 서상규, 「우리말본과 언어 이론 : 우리말본의 성립과 최현배 말본의 새로움」, 『나라사랑』, 126, 2017.
- 최기호, 「〈훈민정음〉 해례본의 가치와 애국지사 외솔 최현배」, 『나라사랑』 126, 2017.

찾아보기

ㄱ

가갸날 33, 34, 45, 46, 92, 133
감메 한방우 10, 96
강윤호 185
강화석 51
『개정한 한글맞춤법통일안』 171
개통학교 23
경성고등보통학교 15, 203
계명구락부 60, 68, 75
계봉우 100
『고등말본』 184
『고려문전』 100
고려청년회관 74
『고친 한글갈』 106, 108
공병우 189, 190
곽상훈 114
관립한성고등학교 15~17, 203
『교수지침서』 184
국립국민학교 125
「국문철자법에 관한 건」 168, 169
국어교본 반포식 127
국어교재편찬위원회 124
『국어문법』 21, 94, 105
『국어문전음학國語文典音學』 19
국어심의위원회 172, 173
국어연구학회 19, 20

국어정화위원회 144, 146
권덕규 21~23, 27, 46, 57, 60, 62, 63, 67, 74, 75, 82, 113, 114
권승욱 113, 114, 189
권중협 74
권중휘 183
『글자의 혁명』 135, 166, 198
김구 164
김규식 164
김기서 178
김기진 78
김도연 113, 114, 118
김동훈 189
김두봉 17, 19, 20, 22, 31, 32, 34, 60, 62, 94, 118
김두종 30
김민수 185
김법린 62, 113, 114, 118, 155
김상용 87
김선기 67, 74, 75, 87, 88, 113, 114, 155, 173, 177
김성달 125
김성수 77, 125
김양수 113, 114, 118
김윤경 37, 45, 54, 62, 63, 67, 71, 74, 75, 82, 98, 113, 114, 127, 155, 173, 177, 185

찾아보기 215

김정옥 110, 111
김정진 19
김종철 114
김창집 178
김태준 71, 107
김학준 111, 112
김형규 185
김활란 77, 125
김희상 62
『깁고 고침 우리말본』 167
『깁더 조선말본』 31, 32, 34, 94

ㄴ

『나라 건지는 교육』 35, 197
나무리강습소 23
나철 20
남형우 20

ㄷ

『대한국어문법』 18, 19
대화정예배당 30
『독립신문』 17, 31
『동광』 37, 70, 71
동광당서점 40, 204
동명학교 23, 25
동지회 47, 48

ㄹ

록펠러재단 155, 156, 173, 174

ㅁ

말모이 32, 60
『말본 개정판』 167
『말의 소리』 31
맞춤법통일안 63, 64, 66, 69, 80
명신학교 30
명정학교 23
모윤숙 178
무덕전 112, 113
문목규 30
문세영 82
문시혁 69
『문예독본』 66
「문화선언」 194
『민주주의와 국민도덕』 166
민찬호 48

ㅂ

박병엽 109
박승두 52
박승빈 54, 68, 69, 71~74, 77, 80
박신영 82
박영빈 52
박영희 109, 110, 112
박월탄 78
박제선 23
박종화 173
박준성 23
박창해 185
박태환 18, 19, 23
박필주 17, 19

박현식 63
방종현 114
방태영 127
배달말 20, 22, 84, 106, 145, 166, 203
배달말글몯음[朝鮮言文會] 20, 22, 203
배재학당 17
백낙준 37, 62, 114, 125, 139, 144, 155, 198
백남규 69, 72
백남운 122
변영로 60, 104
변영태 19
보성학교 17, 19, 21, 68
「보통학교용 언문철자법」 73, 174
「보통학교용 언문철자법대요」 51, 174
봉원사 19
봉황각 83
브나로드 66, 67

ㅅ

사립동래고보 25
『사정한 조선어표준말 모음』 85
『사투리 사전』 84
3벌식 자판 190
3벌식 타자기 189
상동청년학원 18, 19
상동학숙 18
『새벗』 31
서민호 113, 114
서상덕 177
서승효 113, 114
서창제 173

『성경』 171
세종대왕기념사업회 184, 205, 206
『세종대왕실록』 184
『소리갈』 96, 97
손진태 37
송석하 144
송진우 77
『수군 제일위인 이순신전』 20
『수도평론』 172
수양동맹회 48
수양동우회사건 66, 71, 103
숙정학교 23
숭덕학교 30
『시골말 캐기 잡책』 83, 84, 204
시국대응전선사상보국연맹 102
신경준 106
신기범 144
신남철 69
신명균 21, 22, 27, 46, 54, 57, 63, 64, 67, 72, 74, 75, 82
신윤국 114
신채호 20
신흥사 26, 27
신흥우 47, 48, 49, 104
심의린 52
십일회 123, 205

ㅇ

안재홍 48, 62, 82, 104, 113, 114
안형경 48
안호상 114
양주동 98, 179, 183

어윤적 18, 50, 51
「언문철자법 개정안」 58
언문철자법개정 63
여운형 77
염상섭 21, 78
영생여고보 109, 111, 112
오봉빈 19
오종식 177
오창환 100
오천석 139
외래어표기법 87~90, 104, 120, 198, 204
외래어표기법통일안 87, 88, 90, 204
외솔 10, 11, 117, 191, 197, 198, 201
『우리말 도로 찾기』 146, 193
『우리말 존중의 근본 뜻』 147, 148, 166
우리말광 151
『우리말글』 103
『우리말본 첫재매(소리갈)』 92, 204
『우리말본』 27, 36, 63, 92~94, 96~101, 104, 107, 125, 134, 167, 184, 189, 204
『우리말을 깨끗이 하자』 145
원한경 37
유길준 51, 97
유억겸 37, 48, 49, 62, 77, 104, 125, 144
유일선 13
유재한 155, 185
유희 106
윤병호 113, 114
윤복영 21, 22, 82
윤치호 48, 78, 104
윤태영 185
윤태휴 21

이갑 74, 82
이강래 113, 114
이관구 30, 178
이광수 48, 62
이규방 27, 62
이규영 21, 23, 60
이극로 45, 62, 63, 67, 71, 74, 75, 81, 87, 113, 114, 118~120, 122, 125, 127, 130, 131, 144, 151, 164
이긍종 69
이능화 18, 50
이대영 22
이덕봉 125
이만규 74, 113, 114
이명칠 82
이묘묵 125, 139
2벌식 자판 189~191
이병기 21, 22, 46, 54, 62, 63, 67, 113~145
이상재 48
이상춘 54, 62, 67, 74, 100
이석린 113, 114
이선근 155, 174
이성희 110
이세정 52, 74, 82
이숙종 82
이순자 110, 111
이숭녕 140, 141, 147, 173, 179, 183, 185
이승규 27
이승녕 177
이승만 12, 47, 48, 156, 159, 164, 168, 169, 171, 173, 174, 178, 179, 197
이양하 37, 183

이용설 22
이용준 107
이우식 113, 114, 118
이운용 82
이원규 52
이윤재 54, 60, 63, 65~67, 71, 74, 75, 81, 113, 114, 116, 151, 196
이은상 113, 114, 201
이응백 185
이인 113, 114, 118
이재호 12, 13
이종관 48
이준 19
이중건 64
이중화 87, 113, 114, 118, 159
이춘호 104
이탁 74, 82
2·8독립선언 24
이하윤 87, 178
이호성 82, 145
이훈종 185
이희복 185
이희승 62, 63, 71, 72, 74, 75, 82, 87, 113, 114, 118~120, 122, 151, 157, 160, 183~186, 194, 196
이희준 30
일신학교 12, 13, 15, 203
임경재 27, 28
임영신 125
임창순 131

ㅈ

장봉선 타자기 189
장지영 19, 23, 27, 28, 57~59, 63, 74, 82, 113, 114, 118, 126, 127, 129, 143~145, 157, 159
장하일 185
장현식 113, 114, 118
전조선정당사회단체 대표자연석회의 164
전필순 82
전형필 107
정경해 177
정규창 69, 72, 74
정열모 46, 57, 63, 113, 114, 118
정음사 40, 107, 124, 136, 190
『정음正音』 77
정음회 68
정인보 37, 60, 62
정인섭 63, 74, 75, 82, 87, 88, 113, 114
정인소 131
정인승 37, 66, 87, 111, 113, 114, 118~120, 122, 145, 151, 160, 185, 196
정인자 110
정춘수 49
정태진 37, 111~114, 118, 145, 196
조동식 125
『조선 고가연구』 98
조선광문회 32, 60
조선교육심의회 126
조선교학도서주식회사 146
조선기독교청년회전국연합회 47
조선노동조합전국연합회 130

『조선말본』 32, 94, 167
『조선말큰사전』 111
조선문기사정리기성회 78
『조선문자 급 어학사』 98
조선물산장려운동 29
『조선민족 갱생의 도』 36~43, 62, 78, 166, 197, 204
「조선사상범 보호관찰령」 102
「조선어 철자법 강좌」 59
조선어강습원 20, 21, 133, 200, 203
조선어강습회 65, 70, 75
『조선어독본』 52
『조선어문법』 100
『조선어문연구』 63
조선어사전 32, 60, 63, 82, 98, 109, 113, 119, 120, 152, 204
조선어연구회 27, 28, 45, 47, 51, 55~57, 60, 62~64, 68
조선어철자법위원회 56~58
『조선어학』 68
『조선어학강의요지』 68, 69
조선어학연구회 68~75, 77, 78, 80
조선언문회 22
조선음성학회 87
조선학술원 122, 204
조윤제 71, 147
조지훈 178
주요섭 78, 141
주요한 62, 77
『중등 국어』 127
『중등 조선말본』 92~94, 96, 100, 124, 135, 204
『중등교육 조선어법』 94, 100, 204

『중등말본』 184
『중등조선말본』 136, 167
『중사전』 183
중앙기독교청년회관 62, 200
지혜숙 110, 111

ㅊ

차상찬 21
채순남 110, 111
천도교사범강습소 19
『첫재매』 92, 93, 97
『초등 국어교본』 124, 127
『초등산술교과서』 13
초성복용종성 53
최광옥 97
최남선 32, 60
최두선 27, 28, 62, 104
최린 48
최복녀 111, 112
최상윤 127
최창식 189
최태호 185

ㅋ

『큰사전』 151~156, 158, 173, 174, 183, 198, 199

ㅍ

「표기법간소화공동안」 174
표준어사정 79, 81~83, 86, 87, 93, 204

ㅎ

「학교문법통일안」 186, 187
학교문법통일위원회 185
학교문법통일준비위원회 185
학술용어제정위원회 141, 142
『학조(學潮)』 36, 37
『한글 첫걸음』 124, 127
『한글』 45~47, 63~66, 80, 94, 99, 106, 120, 133
한글가로글씨연구회 135, 205
한글간소화 156, 161, 168, 169, 172, 173, 175~179, 181
『한글갈』 90, 98, 102, 104~108, 166, 189, 204
한글기계화연구소 190, 191, 205
한글날 46, 64, 76, 92, 159~161, 164, 169, 184, 191, 197
「한글날 노래」 165
한글맞춤법통일 60, 63, 68~70, 79, 87, 126, 177
「한글맞춤법통일안」 58, 74~79, 81, 83, 93, 95, 97, 99, 101, 168, 171, 173, 174, 178, 204
『한글모죽보기』 22
한글문화보급회 130
한글배곳 21
한글보급회 127
한글쓰기 운동 10
『한글의 바른길』 96, 103, 182, 204
『한글의 정리와 예수교』 103
『한글의 투쟁』 181, 182, 190, 198
한글전용법 157~160, 193, 194
「한글전용에 관한 건의서」 192
한글전용촉진 127, 159~161, 163, 194
한글전용특별심의회 192, 193
한글타자기 188~190, 195
한글타자기자판 합리적통일협의회 190
한글학회 27, 62, 153, 156, 158~160, 163, 164, 172~174, 177, 179, 184, 186, 190, 192~194, 196, 198~201, 205
한자폐지론 131
한자폐지실행회발기준비위원회 129
한자폐지운동 128, 129, 132
한징 82, 113, 114, 116, 196
한충 64
함병업 87
함흥재판소 118, 120, 204
현상윤 22, 125, 126
현은 51
현진건 78
협성학교 23
『협성회보』 17
홍에스더 82
홍원경찰서 109, 111, 113, 114
『훈민정음』 46
휘문의숙 17, 27
흥업구락부 47~49, 87, 103, 104, 107, 119, 181, 204

우리 말글을 목숨처럼 지킨 최현배

1판 1쇄 발행 2019년 12월 16일
1판 2쇄 발행 2020년 7월 27일

글쓴이   이계형
기 획   독립기념관 한국독립운동사연구소
펴낸이   주혜숙
펴낸곳   역사공간
         주소: 03996 서울특별시 마포구 동교로19길52-7 PS빌딩 4층
         전화: 02-725-8806
         팩스: 02-725-8801
         E-mail: jhs8807@hanmail.net
         등록: 2003년 7월 22일 제6-510호

ISBN 979-11-5707-210-1 03900

- 잘못된 책은 바꿔 드립니다.
- 이 도서의 국립중앙도서관 출판예정도서목록(CIP)은 서지정보유통지원시스템 홈페이지
  (http://seoji.nl.go.kr)와 국가자료종합목록 구축시스템(http://kolis-net.nl.go.kr)에서
  이용하실 수 있습니다. (CIP제어번호 : CIP2019050552)

역사공간이 펴내는 '한국의 독립운동가들'

독립기념관은 독립운동사 대중화를 위해 향후 10년간 100명의 독립운동가를 선정하여,
그들의 삶과 자취를 조명하는 열전을 기획하고 있다.

001 근대화의 선각자 - 최광옥의 삶과 위대한 유산
002 대한제국군에서 한국광복군까지 - 황학수의 독립운동
003 대륙에 남긴 꿈 - 김원봉의 항일역정과 삶
004 중도의 길을 걸은 신민족주의자 - 안재홍의 생각과 삶
005 서간도 독립군의 개척자 - 이상룡의 독립정신
006 고종 황제의 마지막 특사 - 이준의 구국운동
007 민중과 함께 한 조선의 간디 - 조만식의 민족운동
008 봉오동·청산리 전투의 영웅 - 홍범도의 독립전쟁
009 유림 의병의 선도자 - 유인석
010 시베리아 한인민족운동의 대부 - 최재형
011 기독교 민족운동의 영원한 지도자 - 이승훈
012 자유를 위해 투쟁한 아나키스트 - 이회영
013 간도 민족독립운동의 지도자 - 김약연
014 대한민국 임시정부의 민족혁명가 - 윤기섭
015 서북을 호령한 여성독립운동가 - 조신성
016 독립운동 자금의 젖줄 - 안희제
017 3·1운동의 얼 - 유관순
018 대한민국임시정부의 안살림꾼 - 정정화
019 노구를 민족제단에 바친 의열투쟁가 - 강우규
020 미 대륙의 항일무장투쟁론자 - 박용만
021 영원한 대한민국임시정부의 요인 - 김철
022 혁신유림계의 독립운동을 주도한 선각자 - 김창숙
023 시대를 앞서간 민족혁명의 선각자 - 신규식
024 대한민국을 세운 독립운동가 - 이승만
025 한국광복군 총사령 - 지청천

026 독립협회를 창설한 개화·개혁의 선구자 - 서재필
027 만주 항일무장투쟁의 신화 - 김좌진
028 일왕을 겨눈 독립투사 - 이봉창
029 만주지역 통합운동의 주역 - 김동삼
030 소년운동을 민족운동으로 승화시킨 - 방정환
031 의열투쟁의 선구자 - 전명운
032 대종교와 대한민국임시정부 - 조완구
033 재미한인 독립운동의 표상 - 김호
034 천도교에서 민족지도자의 길을 간 - 손병희
035 계몽운동에서 무장투쟁까지의 선도자 - 양기탁
036 무궁화 사랑으로 삼천리를 수놓은 - 남궁억
037 대한 선비의 표상 - 최익현
038 희고 흰 저 천 길 물 속에 - 김도현
039 불멸의 민족혼 되살려 낸 역사가 - 박은식
040 독립과 민족해방의 철학사상가 - 김중건
041 실천적인 민족주의 역사가 - 장도빈
042 잊혀진 미주 한인사회의 대들보 - 이대위
043 독립군을 기르고 광복군을 조직한 군사전문가 - 조성환
044 우리말·우리역사 보급의 거목 - 이윤재
045 의열단·민족혁명당·조선의용대의 영혼 - 윤세주
046 한국의 독립운동을 도운 영국 언론인 - 배설
047 자유의 불꽃을 목숨으로 피운 - 윤봉길
048 한국 항일여성운동계의 대모 - 김마리아
049 극일에서 분단을 넘은 박애주의자 - 박열
050 영원한 자유인을 추구한 민족해방운동가 - 신채호

051 독립전쟁론의 선구자 광복회 총사령 - 박상진
052 민족의 독립과 통합에 바친 삶 - 김규식
053 '조선심'을 주창한 민족사학자 - 문일평
054 겨레의 시민사회운동가 - 이상재
055 한글에 빛을 밝힌 어문민족주의자 - 주시경
056 대한제국의 마지막 숨결 - 민영환
057 좌우의 벽을 뛰어넘은 독립운동가 - 신익희
058 임시정부와 흥사단을 이끈 독립운동계의 재상 - 차리석
059 대한민국임시정부의 초대 국무총리 - 이동휘
060 청렴결백한 대한민국 임시정부의 지킴이 - 이시영
061 자유독립을 위한 밀알 - 신석구
062 전인적인 독립운동가 - 한용운
063 만주 지역 민족통합을 이끈 지도자 - 정이형
064 민족과 국가를 위해 살다 간 지도자 - 김구
065 대한민국임시정부의 이론가 - 조소앙
066 타이완 항일 의열투쟁의 선봉 - 조명하
067 대륙에 용맹을 떨친 명장 - 김홍일
068 의열투쟁에 헌신한 독립운동가 - 나창헌
069 한국인보다 한국을 더 사랑한 미국인 - 헐버트
070 3·1운동과 임시정부 수립의 숨은 주역 - 현순
071 대한독립을 위해 하늘을 날았던 한국 최초의 여류비행사 - 권기옥
072 대한민국임시정부의 정신적 지주 - 이동녕
073 독립의군부의 지도자 - 임병찬
074 만주 무장투쟁의 맹장 - 김승학
075 독립전쟁에 일생을 바친 군인 - 김학규

076 시대를 뛰어넘은 평민 의병장 - 신돌석
077 남만주 최후의 독립군 사령관 - 양세봉
078 신대한 건설의 비전, 무실역행의 독립운동 - 송종익
079 한국 독립운동의 혁명 영수 - 안창호
080 광야에 선 민족시인 - 이육사
081 살신성인의 길을 간 의열투쟁가 - 김지섭
082 새로운 하나된 한국을 꿈꾼 - 유일한
083 투탄과 자결, 의열투쟁의 화신 - 나석주
084 의열투쟁의 이론을 정립하고 실천한 - 류자명
085 신학문과 독립운동의 선구자 - 이상설
086 민중에게 다가간 독립운동가 - 이종일
087 의병전쟁의 선봉장 - 이강년
088 독립과 통일 의지로 일관한 신뢰의 지도자 - 여운형
089 항일변호사의 선봉 - 김병로
090 세대·이념·종교를 아우른 민중의 지도자 - 권동진
091 경술국치에 항거한 순국지사 - 황현
092 통일국가 수립을 위해 분투한 독립운동가 - 김순애
093 불법으로 나라를 구하고자 한 불교인 - 김법린
094 독립공군 육성에 헌신한 대한민국임시정부 군무 총장 - 노백린
095 불교계 독립운동의 지도자 - 백용성
096 재미한인 독립운동을 이끈 항일 언론인 - 백일규
097 재중국 한국인 아나키스트운동의 실천적 지도자 - 류기석
098 대한민국임시정부의 후원자 - 장제스
099 우리 말글을 목숨처럼 지킨 - 최현배